Tu was!

Jeder kann die Welt verändern
123 Tipps für jeden Tag

Text: Nora Linnemann

Illustration: Joni Majer

Greenpeace Magazin Edition

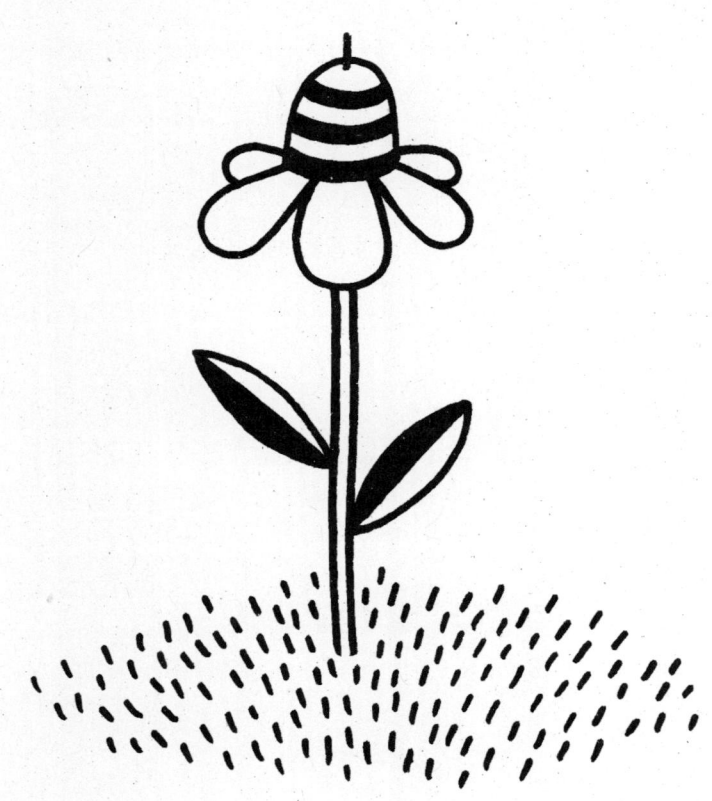

2-3

Inhalt

04   Editorial

06   Für die Artenvielfalt

22   Für eine saubere Umwelt

38   Für einen nachhaltigen Konsum

58   Für das Klima
60   Auto und Mobilität
68   Reisen
76   Stromverbrauch
92   Heizen und Warmwasser

102   Für eine nachhaltige Ernährung

120   Wie Sie sonst noch aktiv werden können

127   Text + Illustration

128   Impressum

Liebe Leserin, lieber Leser,

„Es gibt nichts Gutes, außer: Man tut es." Was könnte besser zu unserer Neuerscheinung „Tu was!" passen als dieses geflügelte Wort von Erich Kästner? Das erste Tu was!-Buch hatten wir bereits 2011 veröffentlicht. Unsere neuen Anregungen für einen nachhaltigen Alltag kommen nun zu einer Zeit, in der mehr Menschen als je zuvor nicht mehr tatenlos zuschauen wollen wie Arten aussterben, Tiere ausgebeutet und wertvolle Ressourcen vergeudet werden, Meere sich in Müllkippen verwandeln, die Erde zum Treibhaus wird und Homo sapiens im Begriff ist, sich selbst zu einer bedrohten Art zu machen. Wir möchten mit Tu was! dazu beitragen, dass Sie, wir alle die Ärmel hochkrempeln und das Richtige tun, um die Welt als lebenswerten Ort für nachfolgende Generationen zu bewahren.

Unsere Tipps unterscheiden sich vor allem durch den Grad der persönlichen Herausforderung; Technik oder Kosten durften keine große Rolle spielen, das soll Sie zusätzlich motivieren, die Tipps als wirklich umsetzbar zu sehen. Es gibt keine Ausreden! Zur Unterscheidung haben wir sie mit einem, zwei oder drei Sternen bewertet.

Ein Stern ☆ bedeutet: Einfach anzuwenden, machen wir aber viel zu selten oder womöglich gar nicht, was auch ein wenig unsere Bequemlichkeit entlarvt.

Zwei Sterne ⭐︎☆ erfordern schon ein wenig mehr Über-
windung, eine größere Verhaltensänderung, sind aber unserer
Meinung nach noch innerhalb der persönlichen Komfortzone
erreichbar.

Bei drei Sternen ⭐︎☆☆ könnten zu Hause größere
Diskussionen mit Ihrer Familie, Partnern, Freunden oder
Mitbewohnern nötig sein. Bleiben Sie trotzdem dran!

Unsere 123 Tipps erheben keinen Anspruch auf Vollständigkeit.
Wir hoffen sehr, Sie durch das Buch zu inspirieren und freuen
uns, wenn auch Sie Ihre Ideen mit uns teilen. Schicken Sie uns
eine E-Mail an tuwas@greenpeace-magazin.de.
Wir werden sie sammeln und möglichst viele davon auf
unserer Website veröffentlichen.

Also, packen wir es an! Jeder kann die Welt verändern.

Ihr
Michael Pauli
Chefredakteur Greenpeace Magazin

Tu was für die Artenvielfalt

Circa 8,7 Millionen verschiedene Arten existieren auf der Erde, plus/minus 1,3 Millionen. Sie alle spielen eine Rolle in unserem komplexen Ökosystem. Leider sterben jährlich viele Arten aus. Schuld daran sind auch wir Menschen: Wir zerstören Lebensraum, roden den Regenwald und arbeiten fleißig am Klimawandel. Gesetzliche Regelungen zum Artenschutz sind daher unerlässlich. Darüber hinaus kann jeder Einzelne mit einfachen Maßnahmen im Garten, auf dem Balkon und vor der eigenen Haustür ein wenig mithelfen, dem Artensterben entgegenzuwirken.

Nachbarschaftspflege

Wir fangen gleich mal rebellisch an: Veränderungen beginnen vor der eigenen Haustür! Wenn Sie in der Stadt oder auf dem Dorf leben, können Sie die öden Flecken um die Straßenbäume vor Ihrer Tür in Blumengärten verwandeln. Darüber freuen sich Passanten, Insekten und die Nachbarn. Auch Verkehrsinseln sind zum Bepflanzen geeignet. Wenn Sie das offiziell machen wollen, fragen Sie beim örtlichen Garten- und Tiefbauamt oder dem Straßenverkehrsamt nach Patenschaften. Falls nicht, wir verraten Sie nicht 😊, siehe nächster Tipp.

Geheime Mission ☆☆

Sanfte Rebellen in der Stadt: Guerilla-Gärtner sorgen für immer mehr Blütenpracht im öffentlichen Raum – ohne sich dabei mit Behörden abzustimmen. Im Frühjahr werfen sie Blumen- oder Saatbomben, im Herbst vergraben sie Blumenzwiebeln! Wenn Sie mitpflanzen und gegen Betonwüsten rebellieren wollen, wählen Sie am besten ausdauernde Sorten, wie Minze und Kapuzinerkresse, die gedeihen an vielen Standorten besser als pflegebedürftige Prachtstauden. Beobachten Sie, welche Pflanzen schon an einem ausgewählten Ort wachsen, das gibt gute Hinweise auf die Beschaffenheit des Bodens. Und verzichten Sie bitte auf invasive (nichtheimische) Arten, die heimische verdrängen. Wir finden: „Geheime Missionen" in der Stadt sind auch tolle Aktionen mit Kindern.

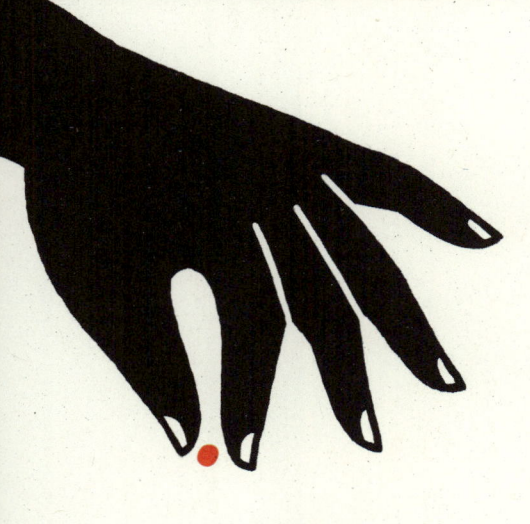

Blumenpate ☆☆

Wenn Sie keinen eigenen Garten haben
und auch keine Verkehrsinseln bepflanzen
wollen, dann können Sie vielleicht eine
Patenschaft bei einem Blumenwiesen-
Projekt übernehmen, Ihre „Blütenkinder"
dann zum Beispiel am Wochenende
besuchen und sich um sie kümmern.
Informationen darüber finden Sie
reichlich online.

Nie mehr mähen ☆

Und nun die Bitte an alle Gartenbesitzer:
Reine Rasenflächen sind schon ein
wenig ökologische Wüsten. Wenn Sie auf
eine schöne Blumenwiese mit auf den
Standort abgestimmten Arten umsteigen,
schaffen Sie damit Raum für Leben.
Der Garten wird viel bunter, weniger
Arbeit macht er obendrein. Wir finden,
das ist eine tolle Perspektive für alle!

Bienen retten ✩✩

Auf unseren aufgeräumten Agrarflächen finden Bienen immer
seltener Nahrung, insbesondere Wildbienen sind stark
gefährdet! Gerade wenn Sie auf dem Land oder am Stadtrand
wohnen, können Sie ihnen ein reichhaltiges Büffet im Garten,
auf dem Balkon oder auf der Fensterbank bieten. Blumenzüch-
tungen mit gefüllten Blüten kommen dafür allerdings nur
bedingt in Frage, denn sie produzieren weniger Pollen und
Nektar, die zudem für Insekten schwer zu erreichen sind.
Fragen Sie in Ihrer Gärtnerei nach „bienenfreundlichen"
Angeboten. Auch die Greenpeace-Saatgutmischung „Bienenmenü"
eignet sich bestens – diese können Sie auch als Samenbombe
auf geeignete Böden werfen. Als Bienenpate könnten Sie
die Forschungsarbeit für artgerechte Bienenhaltung unterstützen oder Sie fangen gleich ein neues Hobby an: Imkern!

Das Bienenmenü finden Sie hier:
greenpeace-magazin.de/warenhaus

Vogelgezwitscher ✩✩

Artenschutz kann ganz einfach sein mit einem selbstgebauten Nistkasten im Garten oder, falls sie keinen haben, in einem Park. Dafür benötigen Sie nur minimales handwerkliches Geschick, einige wenige Materialien, und schon steht das neue Vogelheim. Das ist auch eine prima Sache, die Sie mit Kindern oder Enkeln machen können, und danach besuchen Sie mit Ihnen regelmäßig die neuen „Mieter". Eine Anleitung zum Bauen finden Sie zum Beispiel hier:

selbst.de/vogelhaus-selber-bauen

Liegenlassen und entspannen ✩

Außer auf Wegen (Rutschgefahr!) und auf dem Rasen (wo sich Moos bildet) sollte man sich das Laubharken im Herbst wirklich sparen. Sie tun damit gleich dreifach Gutes, denn Laub schützt im Winter vor Frost, bietet Lebensraum für Würmer und Kleintiere und wird später zum besten Dünger.

Stachelige Besucher ⭐⭐

Wenn wir schon beim Laub sind: Bieten Sie Igeln einen trockenen und sicheren Unterschlupf im Winter, indem Sie aus Herbstlaub ein Versteck für die Insektenfresser bauen. Damit der Laubhaufen nicht kompostiert oder zu feucht wird, strukturieren Sie ihn mit Zweigen, dann wird er perfekt zum Einigeln. Oder Sie kaufen ein Igelhaus, auch das kann man gut mit Laub und Zweigen abdecken.

Sauber ausgeheckt ⭐

Hinter Hecken verstecken? Gute Idee: Schon eine halbhohe Hecke verbessert die Luftqualität vor Ort, weil sie Feinstaub und Stickoxide herausfiltert. Dazu bieten Hecken zahlreichen Tieren Lebensraum. Wählen Sie Arten mit dichter Blattstruktur, die schnell wachsen und leicht geschnitten werden können. Vogelfreundlicher als zum Beispiel Ligusterhecken sind Hecken aus einer bunten Mischung verschiedener heimischer Sträucher, die Beeren bilden. Wenn Sie es immergrün mögen, mischen Sie sommergrüne Büsche wie Holunder und Johannisbeere mit Feuerdorn, Eibe und Wacholder. Ebenfalls empfehlenswert: Dach- und Fassadenbegrünung.

Trinkende Sommergäste ☆

Auch Insekten haben in trockenen, heißen Sommern
Durst. Schon ein wassergefüllter Teller oder eine
flache Schale im sonnigen Staudenbeet lockt sie
zahlreich an. Aber Achtung: Als guter Gastgeber
sollten Sie an der Insekten-Bar für die Sicherheit
Ihrer Gäste sorgen. Tannenzapfen, Steine oder Moos
eignen sich prima als Landeplätze, so plumpst
keiner ins Wasser. Gleiches gilt für Vogeltränken.
Und bitte denken Sie auch daran, Ihre Regentonne
abzudecken, damit sie nicht zur Todesfalle wird.

Gute Hotelbewertungen

Sie haben nun neben dem Igelhaus bereits ein Insektenhotel in Ihrem Garten eingerichtet, doch die Besucher bleiben aus? Ein Grund dafür kann sein, dass Ihre Nisthilfen leider nicht ganz den Vorstellungen der Insekten entsprechen:

- Lochziegel eignen sich nicht, weil die Röhren zu groß und an beiden Seiten offen sind. Ebenfalls ungeeignet sind Zapfen von Nadelbäumen, die keine Röhre bieten. Wildbienen bevorzugen Nisthöhlen mit nur einem Einflugloch, das zum Schutz vor Räubern verschlossen werden muss.
- Abschnitte von Ästen mit eingebohrten Löchern in der Schnittfläche haben oft raue Eingänge, an denen sich die Insekten ihre Flügel verletzen können. Solche Rundhölzer bilden auch Risse, durch die Räuber eindringen können. Die offenen Holzfasern ziehen zudem Feuchtigkeit in die Röhren, und der Brut droht Schimmelgefahr. Bohrungen in Rundhölzern sollten also immer von der Rindenseite erfolgen, und es sollten gut abgelagerte, harte Holzarten wie Eiche, Esche oder Obstbaum verwendet werden.

- Sehr gut geeignet sind auch hohle Halme oder Zweige von Bambus, Schilf, Holunder oder Himbeere. Bündeln Sie die Halme mit Bast oder Draht oder stapeln Sie sie in einem auf der Seite liegenden Pflanzentopf. Befestigen sollten Sie Ihr Insektenhotel an einem warmen, vor Regen geschützten Ort, aber nicht in der prallen Mittagssonne. Das Mark in den Halmen entfernen die Gäste dann selbst.

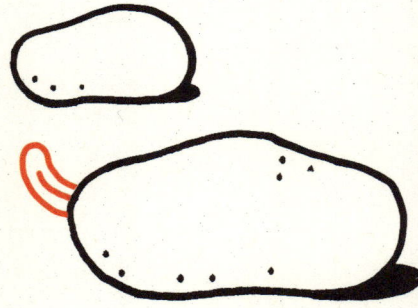

Schutt nutzen ☆☆☆

Nun denken wir noch an alle, die
da so rumkriechen und krabbeln.
Wenn Sie Schutt wie Steine,
Ziegel oder Keramikrohre an
einem sonnigen Platz im Garten
aufschichten, bieten Sie damit
Eidechsen, Spinnen und Schmetter-
lingen ein Sonnendeck. Wer viele
Steine zur Verfügung hat, hebt
vorher eine bis zu ein Meter
tiefe Grube aus, die mit einer
Drainageschicht aus Kies ausge-
legt wird. So können Reptilien
das Quartier auch zum Überwintern
nutzen. Aufgelegte Zweige oder
ein dürrer Bewuchs aus dornigen
Ranken bieten zusätzlichen Schutz.
Und denken Sie bitte daran, keine
Steine in der Natur aufzusammeln,
die bereits als Reptilienstandort
genutzt werden könnten.

Schon wieder Unordnung ☆☆

Schichten Sie einen gut strukturierten
Haufen Astmaterial, das sowieso beim
Rückschnitt von Büschen und Bäumen
anfällt, in einer Ecke Ihres Gartens auf.
Davon können Tiere auf unterschiedliche
Weise profitieren:

- Käfer und Ameisen ernähren
  sich von totem Holz und nutzen
  es als Lebensraum.
- Reptilien mögen geschützte
  Hohlräume und Sonnenplätze.
- Amphibien finden Unterschlupf,
  wenn der Haufen eher im
  feuchten Schatten liegt.
- Wird der Asthaufen in einer
  Grube angelegt, eignen sich
  die tieferen Etagen optimal als
  Überwinterungsquartier.
- Ein Nistkasten für Vögel kann
  in den Haufen integriert werden.

(Ein Herz für) Nachtschwärmer ☆☆

Verzichten Sie im Garten auf
überflüssige Außenbeleuchtung,
um nachtaktive Insekten wie
den Schönbär oder das Sechs-
fleck-Widderchen zu schützen!
Deren Orientierungssinn wird
durch künstliche Lichtquellen
durcheinandergebracht.
Sie sterben vor Erschöpfung
oder werden zur leichten
Beute für Räuber.

Aus die Laus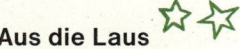

Eine Blattlausepidemie ist ärgerlich und zeigt, dass die natürlichen Fressfeinde der Schädlinge fehlen. Locken Sie Nützlinge wie Marienkäfer, Flor- und Schwebfliegen in Ihren Garten. Bieten Sie Ihnen pollenreiche Korb- und Doldenblütler als Nahrung und strukturreiche Verstecke wie Asthaufen als Unterschlupf. Für Ohrenkneifer können Sie mit Heu gefüllte umgedrehte Tontöpfe hinstellen. Und lassen Sie Insekten in Ihrem Schuppen überwintern, damit sie im nächsten Jahr wieder Eier legen und Ihnen im Kampf gegen Schädlinge zur Seite stehen.

Nacktschneckenalarm

Statt zur Chemie zu greifen, können
Sie den Schaden im Gemüsebeet mit
diesen Alternativen eindämmen:

- Bauen Sie einen Schneckenzaun.
  Das ist oft der einzige Weg, um
  den bei Schnecken sehr beliebten
  Salat zu schützen.
- Streuen Sie einen breiten Streifen
  Kaffeesatz, Sägespäne oder Kalk
  um die Beete, denn Schnecken
  kriechen nicht gerne darüber.
  Nach jedem Regen erneuern.
- Halten Sie die Erde in Ihren Beeten
  trockener (Schnecken lieben Feuchtig-
  keit!), indem Sie jede Pflanze gezielt
  morgens statt abends gießen. So kann
  das Wasser tief eindringen und ist
  oberflächlich verdampft, bevor die
  nächste Schleimspur gebahnt wird.
- Kultivieren Sie Ihren Salat in einem
  Hochbeet, und bepflanzen Sie die
  Beete zusätzlich mit Blumen, die von
  Nacktschnecken verschmäht werden:
  Ehrenpreis, Minze, Phlox, Astern,
  Bartnelken, Storchschnabel, Akelei
  und Vergissmeinnicht.

Jeden Tag ein Ei ☆☆☆

Dieser Tipp hat nicht umsonst drei Sterne als Herausforderung, das muss man wollen und können. Hühner sind ideale Haustiere für Menschen mit ausreichend Platz im Garten! Sie kommunizieren mit über 20 verschiedenen Lauten, entwickeln unterschiedliche Persönlichkeiten und zeigen Mitgefühl ebenso wie Verschlagenheit. Schon wenige Tage alte Küken können mit Zahlen bis fünf rechnen und sich geometrische Formen merken! Falls das Federvieh mal ausbüxt, ist das kein Grund zur Sorge, denn sehr weit entfernt es sich meist nicht vom Stall. Und spätestens zur nächsten Fütterung kommt es wieder angerannt. In kleinen Gruppen können Hühner übrigens auch ohne Hahn gehalten werden, das freut Langschläfer und Nachbarn.

Tu was für eine saubere Umwelt

„Müll mich nicht voll!", sagen wir Leuten, die ihren verbalen Abfall bei uns abladen. Gleichzeitig haben wir kein Problem damit, unsere Erde zu vermüllen. Im Durchschnitt erzeugt allein jeder Deutsche jährlich etwa 455 Kilogramm Müll. Was dagegen hilft? Bewusster einkaufen, Lebensmittel nicht verderben lassen, Verpackungsmüll reduzieren, auf Kosmetik mit Mikroplastik verzichten... Die „Zero Waste" Bewegung, die eine völlige Müllvermeidung anstrebt, macht es vor. Lassen wir uns von ihr inspirieren!

Vollständige Trennung ☆

Mülltrennung heiß auch richtig trennen bei den
Verpackungen. Drehen Sie zum Beispiel bei Tetra Paks
den Plastikverschluss ab, dann können die Rohstoffe
besser maschinell erkannt und getrennt werden.
Gleiches gilt für Deckel aus Alufolie von Joghurtbechern
und Co. Kaffeeverpackungen bestehen außen aus Papier
und innen aus Alu/Metall, wovon Ersteres entweder in
den Restmüll oder ins Altpapier gehört, Letzteres
in den gelben Sack. Und bevor Sie Joghurtbecher etc.
im gelben Sack entsorgen, reicht es völlig, sie sauber
auszukratzen, denn vor der Weiterverarbeitung wird
der Müll sowieso gereinigt.

Elektro-Kreislauf

Alte Stereoanlagen, Staubsauger, Toaster
etc. haben im Hausmüll nix zu suchen.
Ganz sicher. Haben wir aber auch schon
anders gesehen. Wie geht es richtig? Ist ein
Gerät noch funktionstüchtig, können Sie
es weiterverkaufen, tauschen oder spenden.
Ansonsten, das sollte eigentlich jeder wissen und machen, gehören Elektroschrott,
Kabel usw. auf den Recyclinghof, dort wird
kostenlos entsorgt und wertvolle Rohstoffe
wie zum Beispiel Kupfer können wieder-
verwendet werden.

Einfrieren ohne Plastik

Essensreste, Obst oder übrig gebliebene
Gemüseportionen einfrieren ist praktisch
und hilft dabei, weniger wegzuwerfen.
Statt bunter Plastikboxen können Sie dafür
auch Weckgläser oder dickwandige
Schraubdeckelgläser mit weiter Öffnung
benutzen. Wenn Sie die Gläser nur zu
Dreiviertel füllen, haben die Speisen genug
Platz zum Ausdehnen. Platzgefahr besteht
nur bei zu schnellem Auftauen in heißem
Wasser. Gefriergut können Sie schonend
im Kühlschrank auftauen lassen, das
erhält auch die Nährstoffe am besten.

Zu gut für die Tonne

Etwa ein Drittel der produzierten Lebensmittel werden niemals gegessen, ein Großteil davon landet sogar nicht mal beim Konsumenten. Das heißt, die bei der Produktion entstehenden Emissionen, der Wasserverbrauch, das Tierleid und der Einsatz von Chemikalien waren und sind völlig sinnlos. Wäre das weltweit weggeworfene Essen ein Land, käme es hinsichtlich seiner klimaschädlichen Emissionen weltweit auf Platz drei – gleich nach den USA und China. Überlegen Sie also mal, warum Sie Essen in der Vergangenheit weggeworfen haben und ziehen Sie daraus Konsequenzen! Von mindestens 55 Kilogramm Lebensmitteln, die jede Person in Deutschland pro Jahr im Durchschnitt wegwirft, sind etwa ein Drittel Obst und Gemüse. Deswegen kaufen Sie bitte nur so viel, wie Sie tatsächlich essen können und achten Sie dann auf die richtige Lagerung. Bevor Sie Lebensmittel wegwerfen, tasten, schauen, riechen Sie daran oder kosten Sie ein wenig, falls nötig. In einem Greenpeace-Test war ein Naturjoghurt bei sachgemäßer Lagerung sogar ein halbes Jahr nach Ablauf des angegebenen Datums noch genießbar.

Als Faustregel gilt: Obst und Gemüse so kalt lagern, wie es ihrer Klimazone entspricht. Sprich, Brokkoli im Gemüsefach, tropische Früchte und mediterranes Gemüse am besten bei kühler Zimmertemperatur aufbewahren. Lagern Sie kein Gemüse in luftundurchlässigen Plastikverpackungen im Kühlschrank, denn da besteht Schimmelgefahr. Knoblauch und Zwiebeln ist es im Kühlschrank zu feucht, man bewahrt sie am besten in einem Tongefäß auf. Und ein bunter Obstteller ist zwar hübsch, aber viele Obstsorten geben mit fortschreitender Reifung das Pflanzenhormon Ethylen ab. Also besser frisch gekauftes Obst nicht zu reifen Äpfeln, Bananen oder Tomaten legen, es wird dann schneller schlecht.

Mindesthaltbarkeit und Umwelt-Karma

Schauen Sie im Supermarkt-Kühlregal, bei welchen Produkten das Mindesthaltbarkeitsdatum gleich abläuft, und greifen Sie zu! Sonst landen diese Lebensmittel vielleicht schon am nächsten Tag in der Tonne. Und Sie wissen ja: Mindesthaltbarkeit heißt nicht, dass Nahrung nach diesem Datum ungenießbar ist.

Es gibt auch Supermärkte, die Produkte günstiger anbieten, wenn sie gerade ablaufen. Wir raten, unbedingt zuzugreifen und den Speiseplan dann einfach anzupassen. Sie können auch gezielt Netze oder Schalen mit Obst oder Gemüse kaufen, in denen ein Stück angeschlagen ist, denn sonst landet das noch am Abend im Müll. Das zu verhindern ist richtig gut für das Umwelt-Karma. ☺

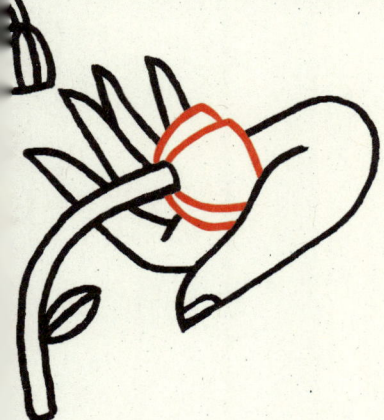

Die letzte Blume muss mit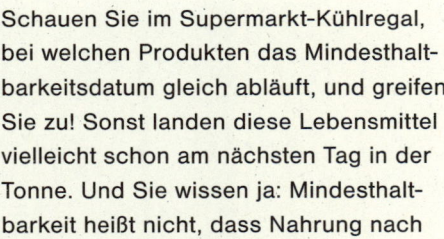

Auch eine gute Anregung für unser Umwelt-Karma: Wenn Sie Samstagabend noch kurz vor Schließung im Supermarkt einkaufen, retten Sie die Schnittblumen, die an der Kasse stehen, vermutlich werden sie sonst das Wochenende nicht überleben. Und protestieren Sie, wenn in Ihrem Supermarkt Pflanzen nicht richtig gegossen werden. Es ist leider meist günstiger, welke Blumen zu entsorgen, als jemanden fürs Gießen zu bezahlen. Sprechen Sie Mitarbeiter darauf an, beschweren Sie sich bei der Leitung oder schreiben Sie an die Zentrale.

Auch unperfekt schmeckt ☆

Die Tomate ist zu knubbelig, die Gurke krumm?
Angeblich bevorzugen Kunden einheitliche
Formen bei Obst und Gemüse, was davon abweicht,
wird aussortiert. Etwa 30 Prozent der Ernten
landen nach Schätzungen so im Müll und nicht
auf der Theke. Es gibt aber Weiterverkäufer,
die auf krummes Gemüse vom Acker spezialisiert
sind. Kaufen Sie gezielt die krummen Dinger,
je mehr Leute das tun, desto weniger bleibt auf
dem Acker liegen. Auch hier finden Sie viele
Angebote online.

Umweltfreundliche Haustiere ☆ ☆ ☆

Lassen Sie Ihre Küchenreste verrotten!
Wenn Sie noch keine Biotonne im Hof
haben, haken Sie bei der Hausverwaltung
nach, denn in vielen Bundesländern wird
sie freiwillig eingeführt. Oder produzieren
Sie den allerbesten Pflanzendünger
einfach selbst. Gartenbesitzer machen
das längst mit ihrem Komposthaufen, alle
anderen können sich eine Wurmkiste auf
ihren Balkon oder in die Küche stellen.

Der bessere
Proviant für Arbeit und Reise

Leicht umzusetzen, aber schwierig zu starten!
Stulle, Bemme, Sandwich, das selbstgeschmierte
Klappbrot wird überall anders genannt,
schmecken tut es immer und günstiger als
abgepacktes Fastfood ist es auch. Nehmen Sie
sich also mal wieder eines für die Arbeit oder
die Reise mit, dazu schnippeln Sie einen
Obstsalat. Beides können Sie umweltfreundlich
einpacken, zum Beispiel in einer Metall-
dose und in einem Schraubglas.

Mir schmeckt es nicht

Hören Sie nicht gern, kann aber passieren.
Sagen Sie Ihren Kindern, dass sie übrig
gebliebene Schulbrote nach der Schule gleich
in den Kühlschrank legen sollen, statt sie im
Rucksack vergammeln zu lassen. Und geben
Sie ihnen besser kein kleingeschnittenes Obst
mit, wenn das nicht gegessen wird, sieht es
schnell unappetitlich aus und landet im Müll.
Einen ganzen Apfel kann man dagegen auch
am nächsten Tag noch mal mitgeben.

Kleine, ungesunde Müllproduzenten ☆☆☆

Klingt einfach, wird es aber nicht: Mit quietschbunten
Verpackungen und einem Plastikspielzeug als Extra wollen
Lebensmittelhersteller Kinder als Kunden gewinnen.
Und es funktioniert, vor allem, wenn „alle anderen in
der Schule" den Saft, Joghurt oder Riegel „auch haben"!
Kinderlebensmittel sind nicht nur überteuert, sie
enthalten häufig auch viel zu viel Zucker, Fett und
überflüssige oder sogar schädliche Zusätze von Mineral-
stoffen und Vitaminen. Und je kleiner und aufwändiger
die Portionen verpackt werden, desto mehr Müll fällt
an. Erklären Sie das Ihren Kindern und überlegen
Sie mit ihnen gemeinsam, welche leckeren Alternativen
es gibt. Andere Eltern ziehen bestimmt nach.

Im Gehen richtig bechern ☆☆

Auch so ein Ding, an das man jeden Tag denken könnte... Coffee to go? No! Coffee to stay! Yeah! Setzen Sie sich hin, genießen Sie den Kaffee aus der Porzellantasse und sparen Sie sich unnötigen Müll. Die Zeiten von Kaffee im Pappbecher, womöglich noch mit Plastikdeckel drauf, sollten wirklich vorbei sein. Wenn Sie nicht auf Ihren Kaffee im Gehen verzichten wollen, investieren Sie in einen wiederverwendbaren Becher. Und überzeugen Sie Ihre Freunde und Kollegen, ebenfalls auf Mehrwegbecher umzusteigen. Ein paar Zahlen sollten auch den größten Pappliebhaber überzeugen:

- In Deutschland werden pro Jahr 2,8 Milliarden Heißgetränke in Einwegbechern konsumiert – davon circa 1,1 - 1,2 Milliarden „to go" – das sind etwa 28.000 Tonnen Abfälle.
- Fast 60 Prozent sind kunststoffbeschichtete Papierbecher, die restlichen 40 Prozent reine Kunststoffbecher.
- Zusätzlich zu den Bechern fallen noch 1,3 Milliarden Kunststoffdeckel an.

- Rechnerisch betrug schon in 2016 das Abfallvolumen der Papierbecher im To-go-Sektor ungefähr 400.000 m³. Das entspricht dem Füllvolumen von rund 8 Millionen orangenen 50-Liter-Mülleimern in der Stadt.

Rezept für ein Duschgel

40 g Kernseife mit der Küchen-
reibe raspeln. In 400 ml Wasser
oder Kräutertee aufkochen,
Hitze reduzieren und mit dem
Schneebesen rühren, bis sich
die Seifenstücke aufgelöst haben.
Dann einen Schuss Pflanzenöl,
wenige Tropfen ätherisches Öl
oder bis zu 2 Esslöffel Honig
dazugeben, je nach Vorliebe beim
Duft. In Flaschen abfüllen und
vor jeder Verwendung aufschütteln.

Universalseife ☆☆

Zig verschiedene Putzmittel für Küche und Bad
braucht kein Mensch, denn die gute alte Kernseife
ist vielfältig einsetzbar und auch in Bioqualität
ohne Palmöl erhältlich. Zum Putzen einfach etwas
Seife mit einer Küchenraspel in den Putzeimer geben
und im warmen Wasser auflösen. Die Lauge beseitigt
Schmutz und Fett zuverlässig. Durch Zugabe von
Waschsoda wird aus Flüssigseife ein Waschmittel und
ein Schuss Pflanzenöl verwandelt sie in Duschgel.

Fest statt flüssig waschen

Irgendwann hat die Industrie angefangen, Duschseife, Shampoos und Waschmittel flüssig anzubieten. Wir zahlen nicht nur fürs beigemischte Wasser drauf, viele Produkte müssen auch mit Emulgatoren und Konservierungsstoffen angereichert werden – von der Ansammlung diverser Plastikflaschen zu Hause mal ganz zu schweigen. Wer durch schlaues Einkaufen seinen Verpackungsmüll von jährlich rund 220 Kilogramm auf ein Viertel reduziert, füllt in seinem Leben 20 Kipplaster weniger mit gelben Säcken. Ein Stück Seife ist nur in ein dünnes Papier gewickelt, enthält keine Konservierungsstoffe und reicht lange – da sollten Sie zugreifen!

Zarte Haut auch ohne Plastik

Peelings können genau wie Duschgels, Cremes und andere Kosmetika Mikroplastik enthalten. Von Kläranlagen lassen sich diese Partikel nicht aufhalten, sie gelangen in Flüsse und Meere, werden dort in die Nahrungskette aufgenommen und können am Ende sogar im menschlichen Körper landen, zum Beispiel über Muschelfleisch. Kaufen Sie deshalb nur als Naturkosmetik zertifizierte Pflegemittel und achten Sie besonders auf das Kleingedruckte: Inhaltsstoffe wie PE, PP, PET, Nylon, PUR, AC, PA, PMMA, PS und PQ sollten Sie vermeiden. Ein klasse Peeling können Sie sich mit Zucker und Öl auch einfach selber herstellen.

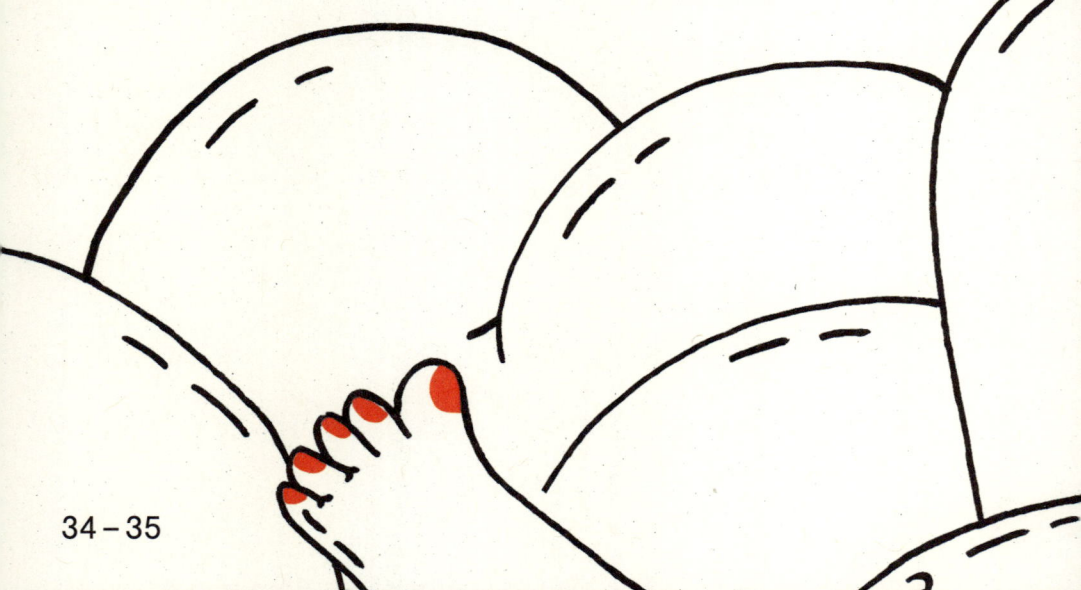

Glatte Sache ☆

Liebe Männer, liebe Frauen,
Plastik-Nassrasierer produzieren unnötig Müll.
Zum Glück gibt es Alternativen aus Metall oder
Holz, diese sind langlebiger und sehen sogar
schöner aus. Wenn Sie jetzt noch von Fertigschaum
auf Rasierseife umstellen – perfekt!

Saubere Gewässer bitte ☆☆

Wir lesen und hören es fast jeden Tag in den Medien:
Nicht nur unsere Meere, auch Flüsse und Seen vermüllen
zunehmend. Dagegen können wir alle etwas tun. Über das
Onlineportal und die App „Gewässerretter" können Sie
Gewässerverschmutzungen melden und erfahren außerdem
Termine für organisierte Müllsammlungen an Stränden
und Ufern. Oder Sie werden beim nächsten Spaziergang
einfach selbstständig aktiv. Wenn Sie Ihre Aufräumaktion
dann noch dokumentieren, finden sich hoffentlich bald
viele Nachahmer. Vielleicht haben Sie auch Lust, bei
einer der lokalen Gruppen von Greenpeace mitzumachen,
diese finden Sie unter:

greenpeace.de, Informationen zur App unter gewaesserretter.de

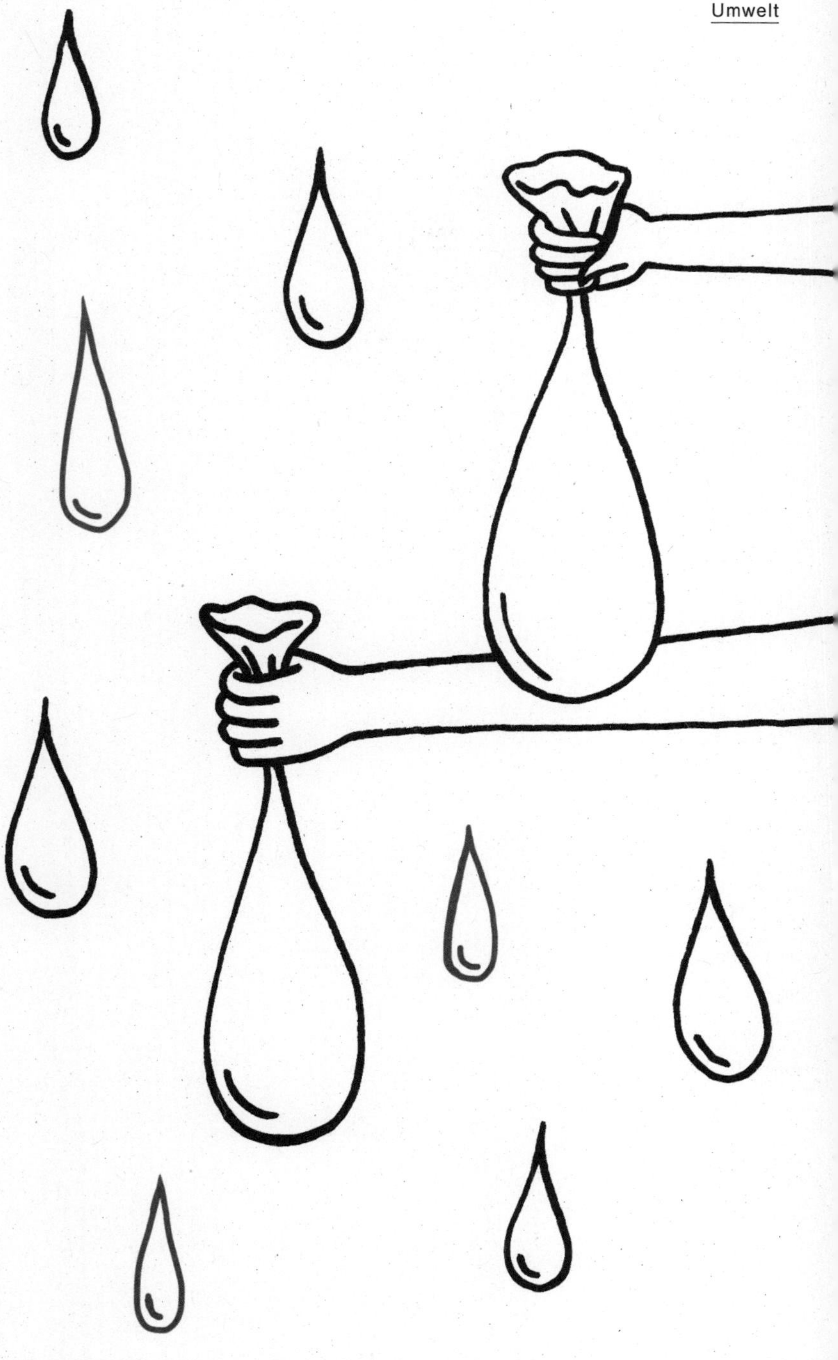

Tu was für einen nachhaltigen Konsum

Es wird knapp: Wir verbrauchen weltweit zu viel Wasser, Rohstoffe und Energie. Der Pro-Kopf-Verbrauch ist dabei in den Industrieländern etwa viermal höher als in weniger entwickelten Ländern. Längst wird von einem „Kampf" um die Ressourcen gesprochen. Zum Glück gibt es viele unkomplizierte Möglichkeiten, Ressourcen einzusparen und damit den persönlichen ökologischen Fußabdruck zu verkleinern. Second-Hand-Shopping und Upcycling machen die Sparmaßnahme sogar zum Trend.

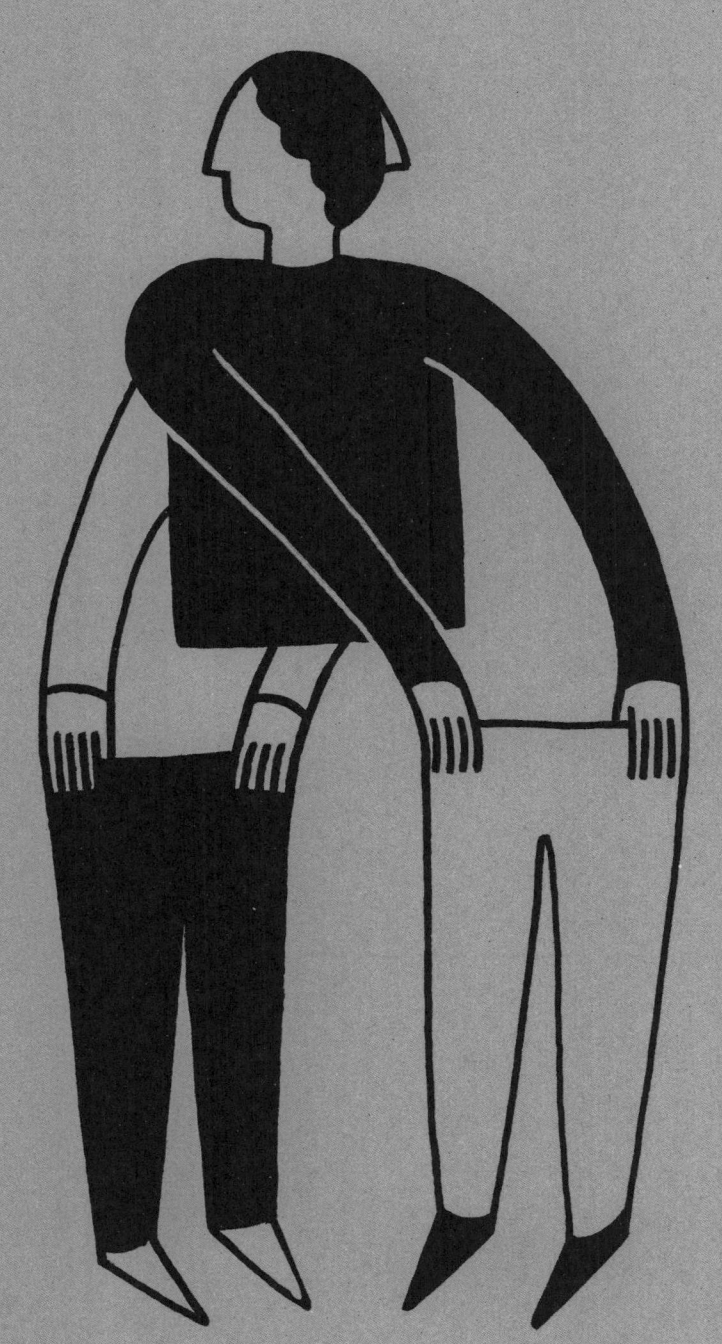

**Selbstgespräch
beim Einkaufen** ☆ ☆

Brauche ich dich? Wo kommst du her?
Wie bist du hierhergekommen? Wie viel
Energie, Wasser und Schadstoffe stecken
in dir drin? Was passiert mit dir, wenn ich
dich nicht mehr brauche? Überprüfen Sie
mal, wie viel von dem, was Sie „unbedingt"
haben wollen, wie von selbst zurück ins
Regal wandert! Und wenn Sie das mit Ihrem
Partner oder Ihren Kindern zusammen
machen, bekommen Sie eine gemeinsame
Idee, welche Werte für Sie wesentlich sind
und welche nicht. Längere Diskussionen
nicht ausgeschlossen.

Katzenwäsche ☆

Wir wissen es alle, aber wie
oft denken wir daran? Zu den
größten Wasserschluckern in
Ihrem Haushalt gehören Bade-
wanne und Dusche, wobei ein
Wannenbad rund achtmal so viel
Energie und Wasser verbraucht
wie eine dreiminütige Dusche
mit Sparkopf! Wer selten badet,
kurz und nicht zu heiß duscht
und sogar den Waschlappen
wiederentdeckt, spart Wasser,
Energie und tut auch seiner
Haut etwas Gutes.

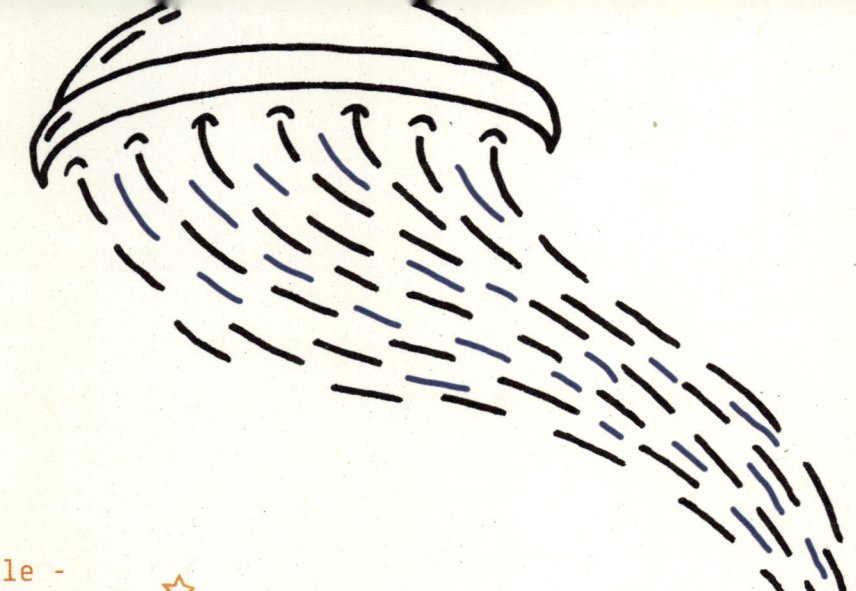

Duschtabelle - gar nicht prickelnd ☆

Auch beim Duschen, Sie ahnen es, kann man unterschiedlich viel Energie verbrauchen. Das zeigt eindrücklich diese Tabelle, sie bietet eine gute Orientierung für ein umweltbewusstes Verhalten

tägliche Duschzeit	Energieverbrauch im Jahr	Regendusche	Normaler Duschkopf	Spar-Duschkopf	Kalte Dusche
11 Minuten	Kubikmeter Gas	233	140	70	0
	Windradumdrehungen	350	210	105	0
	Kilogramm Braunkohle	2331	1400	700	0
3 Minuten	Kubikmeter Gas	63	38	19	0
	Windradumdrehungen	95	57	29	0
	Kilogramm Braunkohle	636	382	191	0

Saubere Platten
aus eigener Kraft

Auf Gartenmöbeln oder zwischen Weg-
platten wollen wir Moos am liebsten ganz
schnell loswerden. Ein Hochdruckreiniger
beseitigt den ungeliebten Auswuchs fix,
aber um ausreichenden Druck aufzubauen,
verbraucht so ein Gerät je nach Größe
pro Stunde bis zu 600 Liter Wasser.
Plus Strom. Mit einem Eimer Wasser, einem
Schrubber und Armkraft können Sie dem
Moos wassersparender auf die Pelle rücken.
Und vielleicht sind Sie an der einen oder
anderen Stelle dann ein wenig nachsich-
tiger mit dem Grün. Diese Art der Reinigung
ist tatsächlich ziemlich anstrengend.

Das richtige
Timing beim Gießen

Beete müssen in trockenen Sommern
gegossen werden. Während einer Saison
kommen da plus Rasen schon viele Liter
pro Quadratmeter Garten zusammen.
Wasser und Kosten können Sie sparen,
indem Sie weniger häufig, dafür aber
gründlicher bewässern, damit das Wasser
nicht nur oberflächlich verdunstet. Das
heißt, nur in den frühen Morgen- und
späten Abendstunden gießen, Pflanzen
nicht von oben, sondern ganz gezielt im
Wurzelbereich. Bedecken Sie offene
Beete zudem mit Mulch, um sie vor der
Austrocknung zu schützen. Iris, Graslilien
und viele Glockenblumen sind übrigens
sehr trockenresistente Pflanzenarten,
die sogar einen Sommerurlaub über-
stehen können.

Stöpsel rein ☆

Beim Zähneputzen das Wasser laufen lassen, das macht inzwischen wohl niemand mehr, aber auch in der Küche sollte Wasser nicht unnötig durchrauschen. Waschen Sie Obst und Gemüse am besten immer in einer Schüssel und Geschirr im verschlossenen Becken. Stark verschmutzte Pfannen und Töpfe sollten Sie vor dem Spülen mit Papier auswischen. Und Fette bitte niemals im Ausguss entsorgen, auch sie verstopfen die Kanalisation und müssen in der Kläranlage aufwendig entfernt werden.

Putzen mit Pulver

Beim Blick in den dreckigen Backofen
möchte so mancher die Ofentür am
liebsten ganz schnell wieder zumachen.
Bevor Sie jetzt zum aggressiven Spezial-
reiniger greifen, probieren Sie doch erst
einmal die Dreckkruste umweltschonend
zu entfernen. Dazu ein Päckchen Backpulver mit drei Esslöffeln Wasser zu einer
Creme vermischen und anschließend
auf die verkrusteten Stellen auftragen.
Eine halbe Stunde einwirken lassen und
mit einem feuchten Tuch nachwischen.
Falls es mit Backpulver nicht klappt –
Natron entfaltet eine noch stärkere Wirkung.

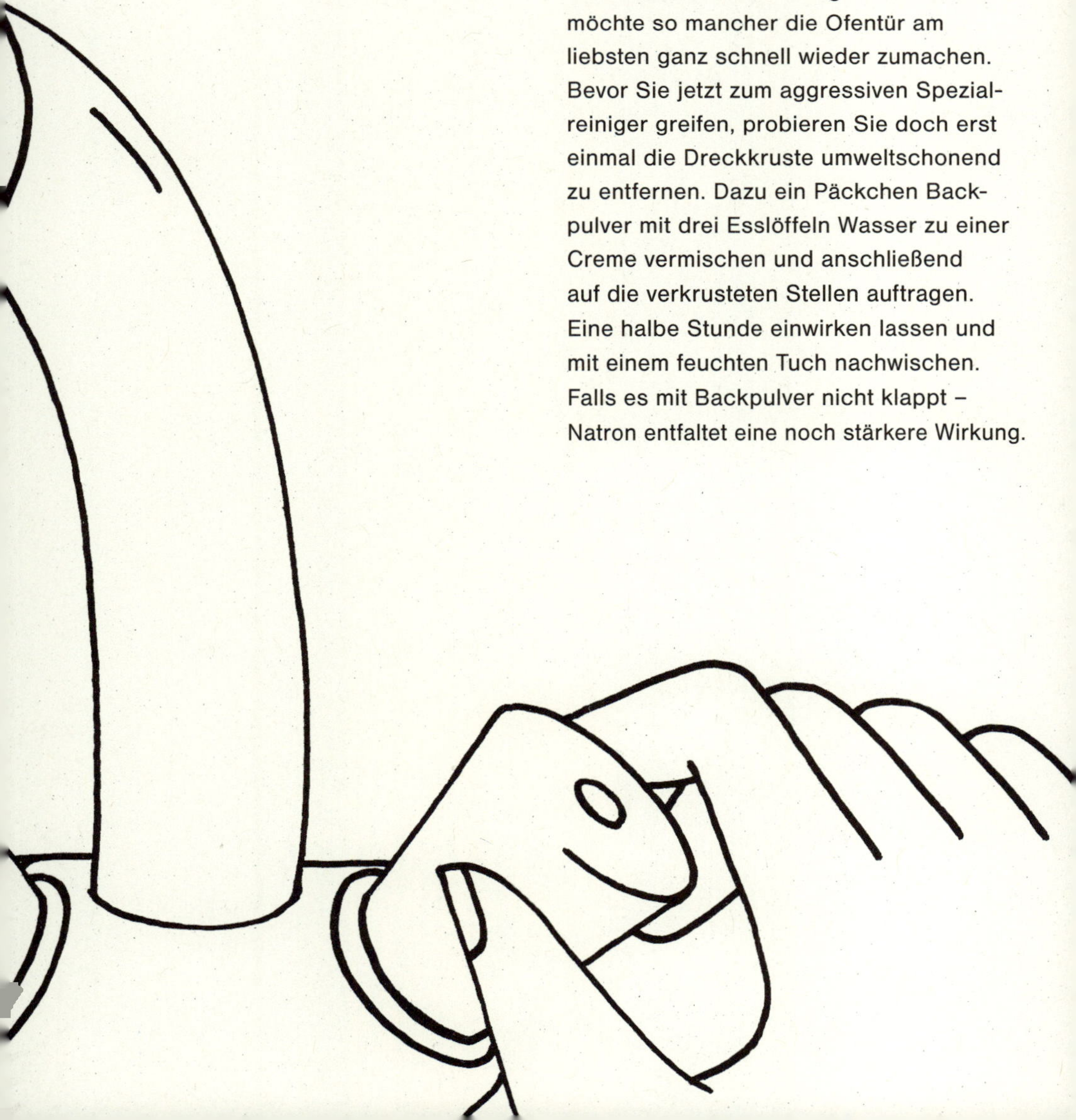

Altbewährt und effizient

Essig und Zitronensäure
helfen wunderbar gegen
Kalkablagerungen im Badezimmer
und entkalken Wasserkocher,
Geschirrspüler, Kaffee- und
Waschmaschinen. Aber Vorsicht:
Gummi und Kunststoffteile
werden von zu stark konzent-
rierten Säuren angegriffen
und beim Erhitzen der Säuren
entstehen Dämpfe, die Sie
nicht einatmen sollten.
Weiche Wäsche mit reinem
Gewissen bekommen Sie, wenn
Sie statt Weichspüler einfach
30 bis 60 ml weißen Essig
in das Fach der Waschmaschine
füllen. Der Geruch verschwindet
nach dem Trocknen vollständig.

Helfer in allen Putzlagen

Nachdem Sie mit den Bio-Putzmitteln
Natron, Essig und Kernseife nun schon
gute Erfahrungen gemacht haben –
trauen Sie sich ein bisschen tiefer in die
persönliche Chemiekiste, statt die Putzmittel der Industrie zu verwenden? Soda
(Natriumcarbonat) bildet wie das Natron
aus dem Backpulver eine Lauge, reagiert
aber stärker und basischer und besitzt
deshalb noch mehr Reinigungskraft.
Das Allroundtalent löst Fett, reinigt Back-
öfen und Grillroste, entfernt Flecken,
bleicht Kleidung und macht den Abfluss frei.
Für Aluminium, Wolle und Seide eignet
es sich allerdings nicht. Und bitte nicht
einatmen oder an die Haut kommen lassen.

Fair kleiden ☆☆

Es ist nicht immer einfach, den Angeboten der günstigen Modeketten zu widerstehen. Miserable Arbeitsbedingungen und Löhne in den Produktionsländern, schlechte Ökobilanz der Stoffe (hoher Wasserverbrauch, giftige Chemikalien, Mikroplastik im Waschwasser) und geringe Haltbarkeit sprechen aber eindeutig gegen sogenannte „Fast Fashion", die „Wegwerfkleidung". Deswegen: Achten Sie auf Fair-Fashion, investieren Sie in zeitlose Mode aus hochwertigem Material, stöbern Sie in Second-Hand-Läden oder bei einer Kleidertauschparty und gönnen Sie sich statt Massenware ausgewählte Teile. Wenn Sie fünf Baumwoll-Shirts weniger im Jahr kaufen, spart das je nach Qualität des Stoffes rund 15.000 Liter Wasser in den oft trockenen Anbauländern. Und wenn Sie für ein T-Shirt 17 Cent mehr bezahlen würden, könnte die Näherin in Bangladesch – rechnerisch – den doppelten Lohn erhalten. Bestellen Sie sich für mehr Informationen den kostenlosen Greenpeace-Textilratgeber:

greenpeace.de/textilratgeber

Wollen wir tauschen? ☆☆

Der tolle Mantel hängt seit Jahren nur rum, die Hose ist schön, aber leider zu eng geworden? Wenn Sie ungetragene Teile im Schrank hängen haben, die Ihnen zum Spenden zu schade sind, dann organisieren Sie eine Kleidertauschparty. Entweder privat mit Freunden und Bekannten oder öffentlich, beispielsweise beim nächsten Stadtteilfest. Kleidertausch-begeisterte Menschen vernetzen sich überregional unter:

kleidertausch.de

Shoppen im Laden oder online optimiert

Online-Shopping ist praktisch, hat ein riesiges Angebot, aber Auslieferungen und Retouren belasten die Umwelt. Ökologisch vertretbarer wird der Internetkauf noch, wenn Sie Bestellungen zusammenfassen und dafür sorgen, dass Sie Pakete zu Hause in Empfang nehmen oder ablegen lassen können. Und verzichten Sie auf Expresslieferung, denn dafür fährt häufig ein zusätzlicher Paketbote mit halbleerem LKW los, nur um rechtzeitig bei Ihnen zu sein. Zudem sollten Sie sich sicher sein, dass die bestellten Produkte tatsächlich passen.

Der Ladenkauf ist sowieso immer noch die umweltfreundlichere Variante, besonders wenn Sie Geschäfte nicht unbedingt mit dem Auto anfahren müssen, sondern zu Fuß oder mit dem Bus erreichen können. Wer extra los muss, überlegt sich zudem zweimal, ob er die Teile wirklich braucht. Die beste Umweltbilanz haben Produkte, die gar nicht erst gekauft werden.

Schattenbräune

Die UV-Filter in Sonnencremes sind problematisch: Chemische Filter schädigen Korallen und können bei anderen Wasserorganismen hormonartige Wirkungen entfalten. Mineralische Filter bestehen oft aus Nano-Partikeln, die die Haut durchdringen und Allergien oder Immunerkrankungen auslösen können. Bleiben Sie lieber im Schatten und bedecken Sie gefährdete Hautpartien mit geeigneter Kleidung, das tut den Gewässern gut, zudem bleibt im Schatten die Haut jünger.

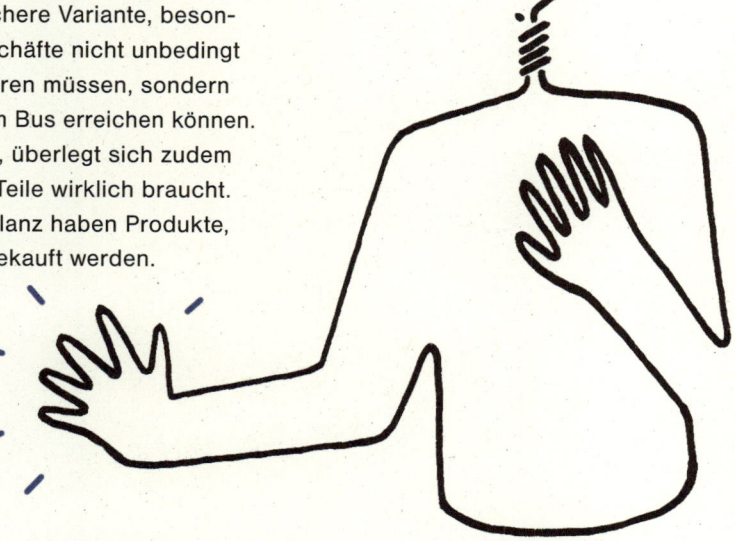

Rettet die Wälder

Beim Papierverbrauch sind wir Deutschen Spitze: Jeder von uns bekritzelt, bedruckt und benutzt pro Jahr rund 250 Kilogramm Papier. Schulhefte, Druckpapier, Taschentücher und Co. gibt es heutzutage auch in der Recyclingvariante. Steigen Sie darauf um! Die Produktion von 500 Blatt Recyclingpapier spart im Vergleich zur selben Menge Frischpapier so viel Energie, dass bei Ihnen zu Hause eine 15-Watt-Energiesparlampe 290 Stunden leuchten kann.

Gute Sortierung

2016 lag die Quote der Wiederverwertung beim Papiermüll in Deutschland bei fast 75 Prozent. Nicht schlecht. Achten Sie daher unbedingt darauf, welches Papier Sie als Altpapier in die blaue Tonne geben oder zum Recyclinghof bringen.

- Entsorgen Sie ausschließlich Papier, Pappe und Kartonagen (Wellpappen) als Altpapier.
- Klebebänder, beschichtete Papiere, Backpapier, Aktenordnerdeckel, Buchdeckel, Pappteller, benutzte Servietten und fettige Pizzakartons senken die Qualität des Papiers für das Recycling und gehören nicht ins Altpapier.
- Auch Papiertaschentücher und Küchenrollentücher gehören in den Restmüll. Manche Kassenbelege bestehen aus Thermopapier, das ist wasserresistent und verhindert das Recycling. Am besten den Kassenzettel bei kleinen Einkäufen gar nicht mehr mitnehmen.

Stromversorgung mobil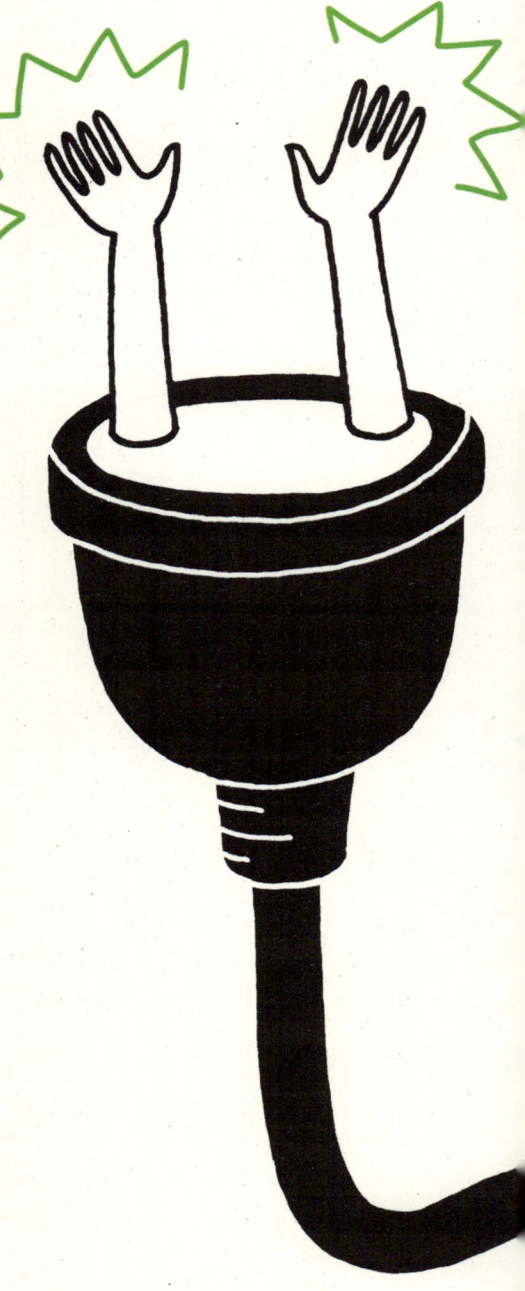

Die Herstellung von Batterien verbraucht bis zu 500-mal mehr Energie, als sie anschließend liefern, dagegen sind aufladbare Akkus viel effizienter. Für eine lange Lebensdauer sollten Sie sie unbedingt vor Hitze schützen. Und glauben Sie nicht an das Gerücht vom kompletten Entladen und Aufladen, moderne Lithium-Ionen-Akkus werden genau davon besonders strapaziert! Oft kann man auch auf Akkus verzichten, denn eine Bohrmaschine oder Heckenschere kann auch mit Kabel betrieben werden und kein Mensch braucht singende Grußkarten – trällern können wir doch selber. 😊

Smarte Handynutzung

Erinnern Sie sich noch an die großen, klobigen Modelle aus der Anfangszeit der Mobiltelefone? Mit denen konnte man telefonieren und bestenfalls SMS schreiben, das war's! Heutzutage nutzen rund 60 Millionen Menschen in Deutschland Smartphones. Die Nutzungsdauer der Geräte steigt nun allerdings an, ein neues Smartphone bietet immer weniger Vorteile. Nicht nur deswegen sollten Sie bei Ihrem alten bleiben, in jedem Handy steckt eine Vielzahl seltener Metalle, die nur mit größtem Arbeits- und Energieaufwand abgebaut werden. Zudem sind die Arbeits- und Abbaubedingungen in den Herkunftsländern schlecht, es müssen giftige Chemikalien eingesetzt werden, und die Reserven sind endlich. Mit diesen Tipps sorgen Sie für ein langes Smartphone-Leben:

- Kaufen Sie eine Schutzhülle für Ihr Gerät.
- Schützen Sie das Display mit einer Klebefolie vor Kratzern.
- Lassen Sie den Akku nicht vollständig leerlaufen.
- Lassen Sie Ihr Gerät reparieren, wenn es kaputt ist.
- Verkaufen oder verschenken Sie Ihr Altgerät weiter.
- Kaufen Sie statt eines neuen Smartphones lieber ein gebrauchtes.

54 – 55

Blumensaison/Saisonsträuße

Ob zum Geburtstag, zum Abschied oder zur Versöhnung, ein schöner Strauß Blumen öffnet jedes Herz. Leider verursacht Treibhausware aus den Niederlanden ähnlich hohe Emissionen wie eingeflogene Importblumen aus Afrika und Lateinamerika. Die wachsen zwar im Freiland, werden aber häufig von schlecht bezahlten Arbeitskräften unter laxen Umweltauflagen angebaut und sind so stark mit Pestiziden belastet, dass man sie in der Restmülltonne statt dem Biomüll entsorgen muss. Heißt das jetzt, der Umwelt zuliebe nie wieder Blumen kaufen? Aber nicht doch: Von Mai bis Oktober können Sie auf Freilandblumen aus regionalem Anbau zurückgreifen!

Achten Sie beim Blumenkauf auf folgende Zertifikate:

- Deutschland/Europa: öko-zertifiziert oder „Das Grüne Zertifikat"
- Niederlande: MPS
- International: Fairtrade

Teezeit

Kaffeeliebhaber und Schokoladenfreunde müssen jetzt ganz tapfer sein: Wer Wasserressourcen schützen will, sollte weniger Kaffee und Kakao konsumieren. Für die Herstellung eines Kilogramms beider Produkte werden über 20.000 Liter Wasser verbraucht, damit ist der Wasserverbrauch um ein Vielfaches (fünf- bis achtmal) höher als bei schwarzem Tee. Auf den Schock erst mal einen Earl Grey…

Schnittblumen ade ☆☆

Mit Frühblüherzwiebeln holen Sie sich im Winter den
Frühling ins Haus. Kaufen Sie im Herbst einen Vorrat an
Tulpen, Osterglocken und Hyazinthen. Die Zwiebeln lassen
sich nach kühler Lagerung einfach austreiben. Pflanzen
Sie sie in eine flache Schale oder ein weites Glasgefäß.
Sie können auch einzelne Zwiebeln auf ein schmales
Gefäß setzen, sodass nur die Wurzeln ins Wasser hängen.
Jetzt noch für genug Licht und ausreichend Bewässerung
sorgen und schon blüht's in Ihrem Wohnzimmer!

Das Torf im Moor lassen

Blumen pflanzen, Beete umgraben, in frischer Erde wühlen... Beim Gärtnern fühlen wir uns der Natur besonders nah, dabei ist Blumenerde mit Torf alles andere als umweltfreundlich. Der stammt nämlich oft zum Beispiel aus dem Baltikum, wo Moorflächen für den Abbau zerstört werden. Als wichtige Lebensräume und CO_2-Senken müssen wir unsere seltenen und bedrohten Hochmoore in Europa aber unbedingt schützen. Zum Glück gibt es mit Humuserde oder Pflanzsubstrat aus nachwachsenden Rohstoffen Alternativen. Die halten das Wasser ohnehin besser als Torf, der bei Trockenheit schrumpft und zudem im Beet schnell abgebaut wird. Immer mehr Anbieter haben heute torffreie Erde im Sortiment – die jeweils beste kommt aus der Region. Und achten Sie immer auch auf das Kleingedruckte: „Torfarme Erde" kann nämlich noch bis zu 80 Prozent Torf enthalten und auch Bio-Erde ist nicht automatisch raubbaufrei.

Tu was für das Klima

Das Wetter war jahrzehntelang Smalltalk-Thema Nummer eins. Warum? Weil es als unverfänglich galt, über Sonnenschein, Nieselregen oder „Wetterfühligkeit" zu plaudern. Die Wahrscheinlichkeit ins Fettnäpfchen zu treten war praktisch null. Das ist vorbei. In Zeiten des Klimawandels wird das Wetter zum Politikum. Gerade darum sollten wir weiter darüber sprechen – mit Bekannten und Unbekannten, Politikern, Freunden, unserer Familie. Die Tipps und Anregungen in diesem Kapitel sind teilweise recht herausfordernd. Und sie bieten neuen Gesprächsstoff für jede Gelegenheit.

Tu was für das Klima: Auto und Mobilität

Bei Oma abgucken ☆

Einkaufstrolleys werden ja gerne mal spöttisch „Hackenporsche" oder „Rentner-volvo" genannt. Dabei haben sie ganz zu Unrecht ein altbackenes Image. Mit einem stabilen Einkaufstrolley lassen sich ganze Wochenendeinkäufe rücken- und umwelt-schonend zu Fuß nach Hause transpor-tieren. Und zig Taschen, Tüten und Beutel braucht man damit auch nicht mehr – vorausgesetzt der Markt ist in der Nähe.

Rauf aufs Rad ☆☆

Wer regelmäßig in die Pedale tritt, bleibt länger fit, in der Stadt ist das Rad bei Strecken unter fünf Kilometern sowieso das schnellste Fortbewegungsmittel. Wenn Sie für die fünf Kilometer zur Arbeit aufs Fahrrad statt ins Auto steigen, blasen Sie zudem in den nächsten drei Jahren eine Tonne weniger CO_2 in die Atmosphäre. Gute Argumente. Manchmal scheitert der Umstieg aber am Drahtesel, wenn der alte ständig klappert und quietscht und nicht richtig rollt, macht der Umstieg nicht wirk-lich Spaß. Also muss ein neuer her und hier kann man noch mal das Klima schonen: Kaufen Sie statt billiger Neuware lieber ein hochwertiges gebrauchtes Fahrrad. Dann reicht das Geld sogar noch für eine leuchtende Regenkombi und einen Fahrrad-helm. Sie fahren ja ab jetzt täglich!

Gemeinsam fürs Klima ☆☆

Wenn Sie mit dem Auto zur Arbeit fahren müssen,
tun Sie sich doch mit Kollegen zusammen, die in der
Nähe wohnen oder auf der Strecke abgeholt werden
können. Schon eine Zweier-Fahrgemeinschaft spart pro
fünf Kilometer bis zu 255 Kilogramm CO_2 im Jahr!
Und im besten Fall haben Sie sogar noch eine nette
Unterhaltung. Oder Sie finden Co-Morgenmuffel.

Auto und Energiesparen I

Das haben wir eigentlich alle mal in der
Fahrschule gelernt, wir müssen es nur öfter
beherzigen: Wenn schon, dann voraus-
schauend Auto fahren und auf rote Ampeln
frühzeitig zurollen! Und ärgern Sie sich
nicht, wenn mal wieder ein SUV an Ihnen
vorbeizieht und sich mit harter Bremse vor
die Ampel drängelt. Sie sparen dafür Sprit,
haben weniger Reifenabrieb und erzeugen
weniger Feinstaub durchs Bremsen!
Pumpen Sie außerdem Ihre Reifen auf,
montieren Sie Dachgepäckträger nach der
Benutzung ab und schalten Sie ab Tempo
50 in den fünften Gang. Durch sparsame
Fahrweise kann man ein Drittel des Kraft-
stoffs sparen, wenn alle Autofahrer das
machen würden, kämen 3,38 Millionen
Tonnen CO_2 zusammen. Der Autoverkehr
sorgte 2017 in Deutschland für 115 Millionen Tonnen CO_2.

Auto und Energiesparen II

Für Heckscheiben- und Sitzheizung,
Lüftung und Beleuchtung werden laut
ADAC circa 500 Watt Strom benötigt.
Das bedeutet, der Spritverbrauch steigt
je 100 Kilometer um einen halben Liter
Kraftstoff. Schalten Sie aus, was nicht
eingeschaltet sein muss.

Aus zweiter Hand ☆

Den Traum von einem neuen Auto sollten
Sie begraben. Selbst wenn es weniger
Treibstoff verbraucht als Ihr altes: Die
Ausgaben bekommen Sie nie wieder rein.
Und der Ressourcen- und Energiever-
brauch zur Herstellung eines Neuwagens
ist enorm hoch. Kaufen Sie also besser
einen Gebrauchten – auch darauf bekom-
men Sie beim seriösen Händler eine
Garantie. Und mittlerweile gibt es sogar
Leasingangebote für Gebrauchtwagen.

Kein Größenwahn ☆

Bei einem Riesenauto stehen
Anschaffungskosten, Versicherung
und Steuer in keinem Verhältnis
zur Nutzung. Wer einen Klein-
wagen fährt, braucht weniger
Platz, Energie und verpestet
zudem die Luft weniger. Wenn Sie
doch einmal ein großes Auto
brauchen sollten, zum Beispiel
um etwas zu transportieren,
dann mieten Sie einfach eines,
auch Lastentaxis sind eine
tolle Alternative.

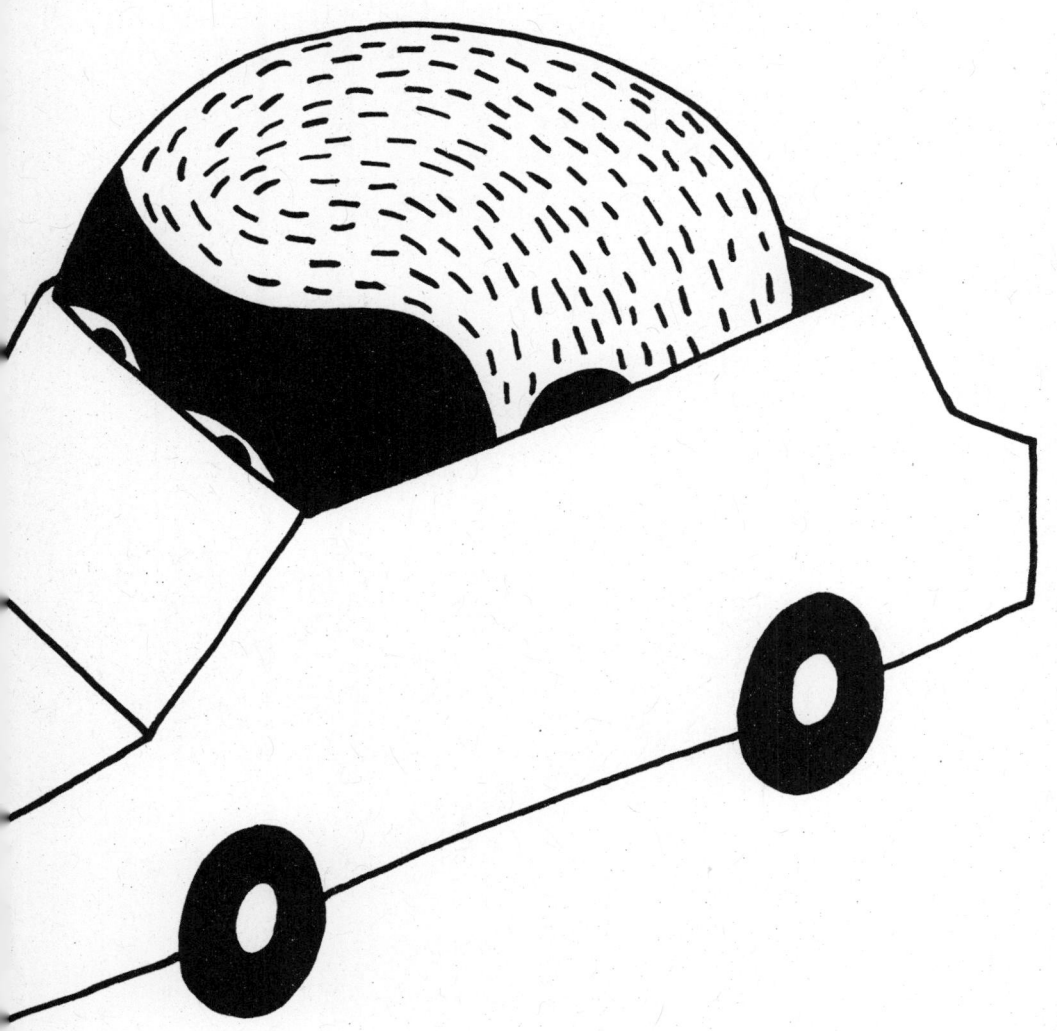

Liebes Autotagebuch...

Protokollieren Sie einmal Ihre Autofahrten und errechnen Sie, wie viel Sie dafür ausgeben. Beziehen Sie dabei neben Spritkosten auch die Versicherung und den prozentualen Kaufpreis mit ein. Hätten Sie für die gleiche Summe auch Bus- oder Zugtickets, Taxi- oder Car-Sharing-Fahrten bekommen? Wenn Sie auf dem Land wohnen, wird diese Rechnung wahrscheinlich nicht aufgehen, doch Städter zahlen beim Auto oft drauf. Erst ab rund 11.000 Kilometern im Jahr lohnt sich ein eigener Wagen finanziell, die Hälfte aller Autofahrer bleibt unter 10.000 Kilometern im Jahr.

Einfach mal laufen lassen ☆☆☆

43 Prozent der deutschen Grundschulkinder laufen zur
Schule, weitere 17 Prozent fahren Bus, 10 Prozent sind mit
dem Rad unterwegs. Jedes fünfte wird mit dem Auto hinge-
fahren, das ist schlecht für die Umwelt und verhindert,
dass Kinder Eigenständigkeit entwickeln. Üben Sie mit
Ihrem Kind den Schulweg – zu Fuß, mit dem Fahrrad oder mit
dem Bus. Sie können auch einen Treffpunkt mit Mitschülern
organisieren, die in der Nähe wohnen. Und seien Sie
Vorbild, Kinder lernen ihr Mobilitätsverhalten von uns.

Tu was für das Klima: Reisen

Thank you for traveling...

„Leider verzögert sich unsere Weiterfahrt um wenige Minuten..." Sie bekommen gerade Schnappatmung? Super, dann sind Sie bereits Bahnfahrer und das ist auch gut so: Denn umweltfreundlicher als Autofahren oder Fliegen ist Bahnfahren allemal. Wenn Sie beispielsweise nur einen einzigen Hin- und Rückflug von Hamburg nach München durch eine Bahnfahrt ersetzen, ersparen Sie der Atmosphäre rund eine Vierteltonne CO_2! Deshalb lehnen Sie sich beim nächsten Mal, wenn die Durchsage „Verzögerungen im Betriebsablauf" durch die Lautsprecher schallt, doch einfach in Ihrem Sitz zurück. Und beruhigen Sie sich mit dem Gedanken daran, welche Verzögerungen bei anderen Verkehrsmitteln nerven: Transfer zum Flughafen, Wartezeiten und Check-in dauern häufig länger als ein Inlandsflug. Autofahrer stehen in deutschen Großstädten bis zu einer Woche pro Jahr im Stau, von der Parkplatzsuche ganz zu schweigen.

Bahnfahrt ins Urlaubsglück

Wenn Sie sich die Flugreise nach Mallorca sparen, retten Sie damit umgerechnet zwei Quadratmeter Packeis, bei einer Reise nach Thailand sind es sogar 16 Quadratmeter. Warum in die Ferne schweifen – schließlich gibt es auch hierzulande viel zu entdecken: Kennen Sie schon die Narzissenblüte in der Eifel, den Kranichzug in der Vorpommerschen Boddenlandschaft oder den unberührten Urwald im Nationalpark Hainich? Weitere tolle Reiseziele finden Sie bestimmt auch in einem anderen der insgesamt 16 deutschen Nationalparks, die alle bequem mit der Bahn zu erreichen sind. Vielleicht haben Sie einen ganz in der Nähe, dahin könnten Sie ja dann sogar mit dem Fahrrad fahren!

Auf Bustour ☆☆

Sie wollen doch mal in die Ferne schweifen? In Ordnung, aber dann reisen Sie mit dem Bus. Für Fernreisen ist er nämlich das klimafreundlichste Verkehrsmittel. Zum Vergleich: Pro Person und Kilometer produziert ein Reisebus etwa 32, ein Zug etwa 40, ein Pkw 140 und ein Flugzeug 214 Gramm CO_2! Da müssen Sie doch gar nicht mehr lange überlegen. Und die Beinfreiheit ist im Reisebus immerhin größer als im Touristenflieger.

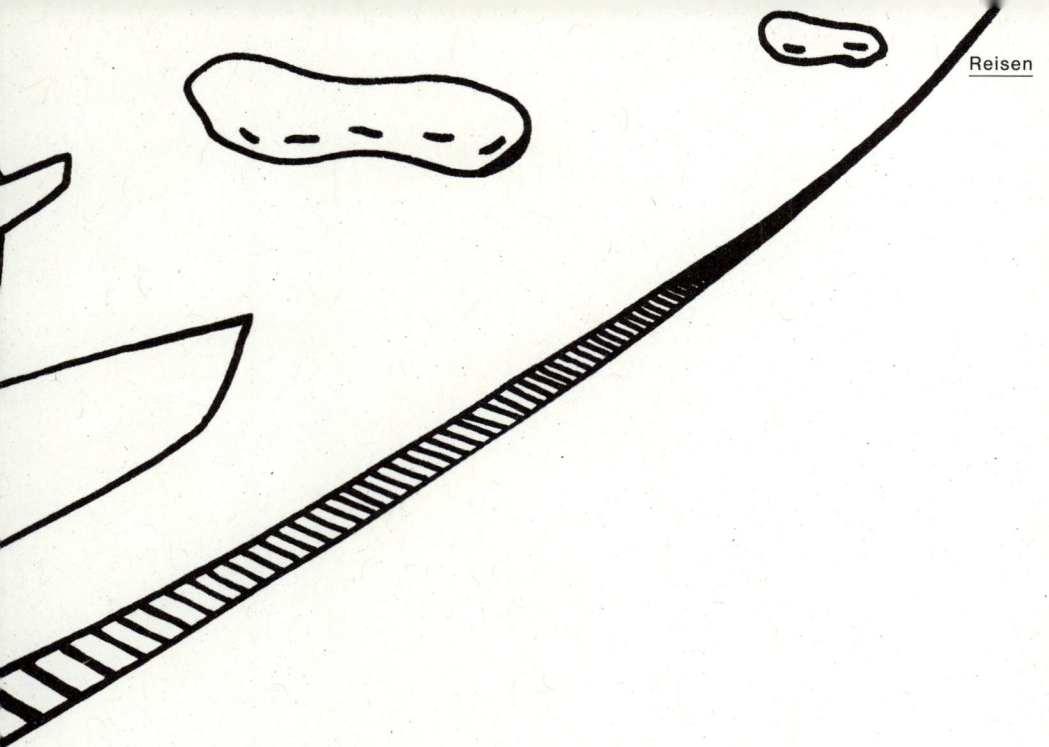

Schämen Sie sich ☆☆

Haben Sie schon mal von „flygskam" gehört? Das ist schwe-
disch und bedeutet übersetzt „Flugscham". Bei den Schweden
scheint das schlechte Gewissen angesichts der eigenen
Flugreisen so verbreitet zu sein, dass sie dafür ein eigenes
Wort geschaffen haben; die Nutzung von Nachtzügen ist dort
inzwischen auch deutlich angestiegen – zu Lasten der Air-
lines. Das können wir doch auch! Helfen Sie mit, innerdeutsche
Flüge zu einer echten Peinlichkeit zu machen. Zwar musste
die Deutsche Bahn 2016 ihre Nachtzüge wegen geringer Auslas-
tung aufgeben, aber unter anderem die österreichische ÖBB
hat dafür Linien übernommen. Und eine nächtliche Zugfahrt
ist eigentlich ziemlich charmant.

Das macht eben keinen Sinn

„Das Yoga-Ressort auf Bali ist aber öko-zertifiziert!", „Ayurveda in Indien ist so authentisch!", „Nur in Asien finde ich zur Spiritualität!" In vielen vermeintlich „bewussten" Freundeskreisen gehören weite Flugreisen zum sinnstiftenden Lebensstil. Wer nicht wenigstens seinen CO_2-Ausstoß mit einer Zahlung an ein sinnvolles Energiesparprojekt kompensiert, hat kein gutes Karma zu erwarten. Zur CO_2-Kompensation werden Staudammprojekte und Aufforstungsprogramme häufig besonders günstig angeboten, sie sind aber auch besonders umstritten, also schauen Sie genau hin. Informationen zur CO_2-Kompensation finden Sie u.a. hier:

atmosfair.de

Besser an Land bleiben

Eine Kreuzfahrt klingt immer wahnsinnig romantisch, aber weiten Himmel und Meer bis zum Horizont können Sie auch an jeder Küste genießen. Und von wegen gute Seeluft: Die Feinstaubkonzentrationen an Deck von Kreuzfahrtschiffen liegen bis zu 200-mal höher als in unbelasteter Luft und sind vergleichbar mit der Belastung in smoggeplagten Städten wie Beijing/Peking. Da schlagen Umweltschützer und Lungenärzte zu Recht Alarm. Die Schiffe dürfen allerdings ab 2020 kein Schweröl mehr verwenden, überprüfen Sie doch bei der Buchung, wie weit Ihr Reiseveranstalter in Sachen Umweltschutz ist.

Ferien auf Balkonien ☆ ☆

Interessante Museen, schöne Landschaften, gutes Essen? Gibt es nicht nur in der Ferne, sondern auch bei Ihnen in der Nähe. Wer es schafft, in der eigenen Stadt, im Dorf, im Garten oder sogar in den eigenen vier Wänden den Alltag zu verlassen, muss nicht weit reisen, um in Urlaubsstimmung zu gelangen. Planen Sie die Aktivitäten für Ihren ersten Heimurlaub genauso, wie sie es für „den anderen" Urlaub machen würden. Das Beste: Nette Leute kennen Sie bereits. Und wo die nervigen sind, wissen Sie auch schon.

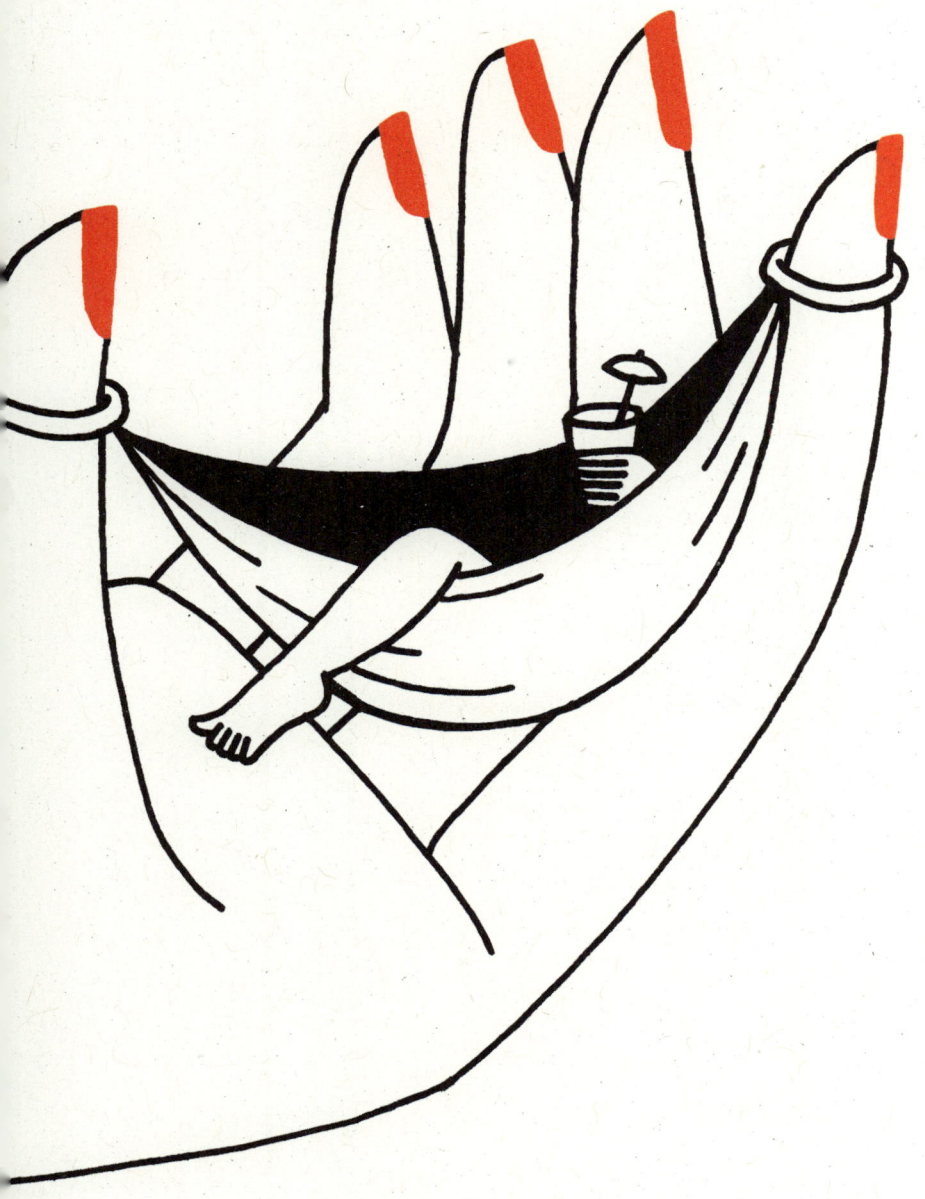

Tu was für das Klima: Stromverbrauch

Jede gesparte Kilowattstunde ist wertvoll. ☆
Mit einer einzigen können Sie:

- eine Ladung 60-Grad-Wäsche waschen,
- einmal Geschirr in der Maschine spülen,
- 91 Stunden beim Licht einer Elf-Watt-Energiesparlampe lesen,
- 15 Hemden bügeln,
- 70 Tassen Kaffee kochen,
- 130 Scheiben Brot toasten,
- 250 Frühstückseier kochen,
- sich 1.800-mal elektrisch rasieren,
- eine halbe Stunde lang staubsaugen (alter 2.000-Watt-Staubsauger),
- eine Dreiviertelstunde lang Haare föhnen (1.400-Watt-Föhn)
- drei Stunden mit einem Plasma-TV fernsehen,
- fünf Stunden mit einem LCD-Gerät
  (Bildschirmdiagonale 107 Zentimeter) fernsehen,
- fünf bis zehn Stunden am Desktop-Computer arbeiten,
- 20 bis 30 Stunden am Notebook
  (15-Zoll-Bildschirm und direkter Stromanschluss) arbeiten,
- 40 Stunden mit dem CD-Spieler Musik hören (25 Watt),
- 100 Stunden Radio hören (zehn Watt),
- alle Elektrogeräte eines typischen Vier-Personen-Haushalts
  14 Stunden lang im Stand-by-Betrieb halten.

Eigenes Kraftwerk ☆☆☆

Haben Sie schon mal daran gedacht, auf dem Balkon Strom selber zu erzeugen und damit einen Beitrag zur dezentralen Energieversorgung zu leisten? Steckbare Mini-Solaranlagen lassen sich leicht aufbauen und können beim Umzug einfach mitgenommen werden. Wichtig ist, dass Sie Ihrem Stromanbieter die Inbetriebnahme mitteilen! Leider sind die Produkte teilweise noch recht teuer in der Anschaffung und rechnen sich erst nach einigen Jahren.

Mieterstrom ☆☆☆

Hauseigentümer können den Strom ihrer Solaranlagen leicht selber nutzen. Mit „Mieterstrom" sollen nun auch Mieter vom Solarstrom profitieren, dieser wird auf dem Dach des Wohngebäudes erzeugt und kann direkt von den Mietern genutzt werden. Nicht verbrauchter Strom wird ins Netz eingespeist und vergütet. Die Berliner Energieagentur hat bereits Projekte ohne Förderung umgesetzt, andere Anbieter sind zum Beispiel Greenpeace Energy.

Ein echter Feger ☆

Geben Sie Ihrem elektrischen Staubsauger
eine Auszeit, gröberen Schmutz am Hauseingang
oder Krümel in der Küche kann man auch fix
mit einem Besen zusammenfegen. Oder Sie machen
es wie zu Großmutters Zeiten und legen sich
einen mechanischen Bürstensauger zu, die
funktionieren auf glatten Böden sogar für
den ganzen Wohnbereich hervorragend.

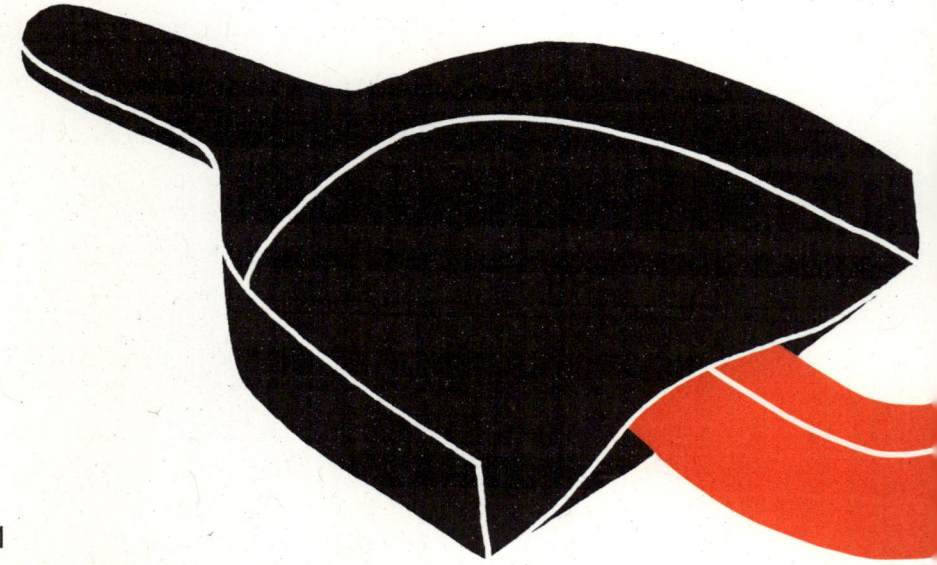

Cool bleiben

„Ach, so 'ne Klimaanlage wäre jetzt schon toll ..." Wer denkt das nicht an heißen Tagen? Aber diese verbraucht viel zu viel Strom. Hängen Sie stattdessen lieber feuchte Tücher (oder Wäsche) in die Räume. Verschließen Sie tagsüber Ihre Fenster und ziehen Sie Gardinen, Rollläden oder Jalousien davor. Und lassen Sie erst abends Luft rein, wenn es draußen kühler ist.

Flotter Typ in der Küche

Nicht nur, wenn's mal wieder schnell gehen muss, sollten Sie das Wasser für Pasta, Kartoffeln und Co. im Wasserkocher vorerhitzen. Der praktische Helfer ist bis zu 45 Prozent stromsparender als eine Herdplatte. Einen Liter Wasser erhitzen kostet im Wasserkocher rund zwei Cent, auf dem Elektroherd etwa 3,5, je nach Stromtarif. Achten Sie immer darauf, dass Sie nur so viel Wasser einfüllen, wie Sie tatsächlich brauchen, und vergessen Sie nicht, Ihren Wasserkocher ab und an zu entkalken. Und beim nächsten Kauf wählen Sie am besten ein Energiesparmodell, bei dem man die Temperatur einstellen kann.

Kleine Topfkunde ☆

Omas schöner alter Emaille-Topf, den kann man doch
noch benutzen? Jein. Nur, wenn er plan auf der Herdplatte steht und der Deckel fest schließt. Ansonsten:
Weg mit dem Energieverschwender. Der Boden eines
Kochtopfs sollte im kalten Zustand eine glatte, leicht
nach oben gewölbte Form haben. Im heißen Zustand
dehnt sich der Boden aus und findet so den idealen
Kontakt zur Herdplatte. Sitzt auch noch der Deckel
beim Kochen perfekt, reduziert das den Stromverbrauch
zusätzlich um zwei Drittel. Nicht vergessen: Schalten
Sie grundsätzlich den Herd einige Minuten früher aus
– das Essen kocht ja mit der Restwärme weiter.

Maschine vollmachen bitte

Beim Wäschewaschen verbrauchen die deutschen Haushalte jährlich rund 330 Millionen Kubikmeter Wasser. Dazu kommen sechs Milliarden Kilowattstunden Strom. Das sind etwa fünf Prozent des Stromverbrauchs in deutschen Haushalten. Ein Kochwaschgang verbraucht dabei fünfmal mehr Strom als die 30-Grad-Wäsche und das Doppelte eines Waschgangs bei 60 Grad. Wer umweltbewusst ist, verzichtet auch auf Vorwäsche, verwendet Essig statt Weichspüler und hängt die Wäsche zum Trocknen auf die Leine. Und beim Neukauf unbedingt die beste verfügbare Energieklasse wählen: Moderne Maschinen verbrauchen ungefähr ein Drittel weniger Strom als vor zehn Jahren gekaufte. Aber das wissen Sie ja. 😊

Wunderbare Waschtage

In manchen Mehrfamilienhäusern gibt es ihn noch: den gemeinschaftlich genutzten Waschkeller. Das ist eine super Sache, denn mit einem modernen, effizienten Gerätepark können mehr Energie, Wasser und Rohstoffe gespart werden, als wenn jeder Bewohner des Hauses selbst investiert. Wenn Sie Ihrer Hausgemeinschaft auch so ein „Sharing" zutrauen, dann suchen Sie doch per Info-Zettel im Treppenhaus nach Mitstreitern!

Sparsam Spülen

Mit einem Handgriff viel gespart: Lassen Sie direkt nach dem Gebrauch kurz klares Wasser über Ihr Geschirr laufen, dann reicht bei der Spülmaschine nämlich das 40-Grad-Programm, um alles sauber zu bekommen. Pfannen sollten Sie grundsätzlich mit der Hand abwaschen, denn sie nehmen einfach zu viel Platz in der Spülmaschine ein.

Ausschalten lohnt sich ☆

Morgens noch schnell das Handy vom Kabel getrennt,
los geht's zur Arbeit. Und das Ladegerät? Bleibt einfach
in der Steckdose stecken, weil es so schön praktisch ist…
Mag sein, aber es ist auch echte Stromverschwendung,
denn die Energie fließt weiter ins Ladegerät und wird
unnötigerweise in Wärme umgewandelt. Gleiches gilt
natürlich auch für Ladegeräte, etwa von Zahnbürsten und
Rasierern. In vielen Privathaushalten steht auch ein
Drucker auf Stand-by, obwohl er fast nie genutzt wird.
Vor allem ältere Laserdrucker ziehen dabei Strom.
Die Kosten dafür sind gern mal höher als die der eigent-
lichen Druckvorgänge. Also: Ausschalten! Gilt selbstver-
ständlich auch für Scanner, Kaffeemaschinen und alle
anderen Geräte im Bereitschaftsmodus. Etwa 180 Euro kann
ein durchschnittlicher Haushalt im Jahr dadurch sparen.

Lebensmittel umräumen

Kühlschränke werden immer effizienter – gute Sache, Geräte der Klasse A+++ verbrauchen nur rund halb so viel Energie wie Geräte der Klasse A+. Allerdings kaufen wir auch immer größere Modelle, die natürlich wieder mehr Strom verbrauchen. Schauen Sie daher mal, ob alle Lebensmittel in Ihrem Kühlschrank die Kühlung wirklich benötigen: Honig, Kaffee, Eier, Brot, Marmelade, Öl, Ketchup und eingelegte Gurken kann man wunderbar im Küchenschrank aufbewahren. Und beim nächsten Kühlschrank reicht plötzlich eine Nummer kleiner.

Kühl kalkulieren ☆ ☆

Grundsätzlich gilt für alle Kühlgeräte: Stellen Sie die Temperatur nicht kälter ein als die empfohlenen sieben Grad. Das spart im Vergleich zu einer Temperatur von fünf Grad rund 15 Prozent Strom.

Achten Sie außerdem auf Folgendes:

- Platzieren Sie Ihren Kühlschrank nicht neben der Heizung oder dem Herd.
- Eine insgesamt um ein Grad Celsius niedrigere Temperatur im Raum spart ungefähr sechs Prozent bei Kühlgeräten.
- Tauen Sie Tiefkühlfächer regelmäßig ab, stellen Sie Speisen nur abgekühlt in den Kühlschrank und lassen Sie Tiefkühlware wenn möglich im Kühlschrank auftauen, das unterstützt die Kühlung.
- Im Winter können Sie Ihren Kühlschrank entlasten: Machen Sie einfach Ihren Garten, den Balkon oder eine ausreichend breite, gesicherte Fensterbank zum Lebensmittellager!

Heißer Ofen ☆

Auch dies ein Tipp, den wir eigentlich alle kennen, aber gerne vergessen: Das Vorheizen kann man sich beim Backofen in den meisten Fällen sparen – auch wenn es auf der Verpackung steht. Nur bei bestimmten Teigen (zum Beispiel Biscuit) ist es wichtig, dass sie direkt in den heißen Ofen kommen, um nicht zusammenzufallen. Eine Tiefkühlpizza wird aber auch so knusprig! Wenn Sie die Pizza in das oberste Drittel schieben, können sie die benötigte Temperatur sicher um 20 Grad absenken. Auch das Aufbacken von Brötchen funktioniert so viel schneller und energiesparender.

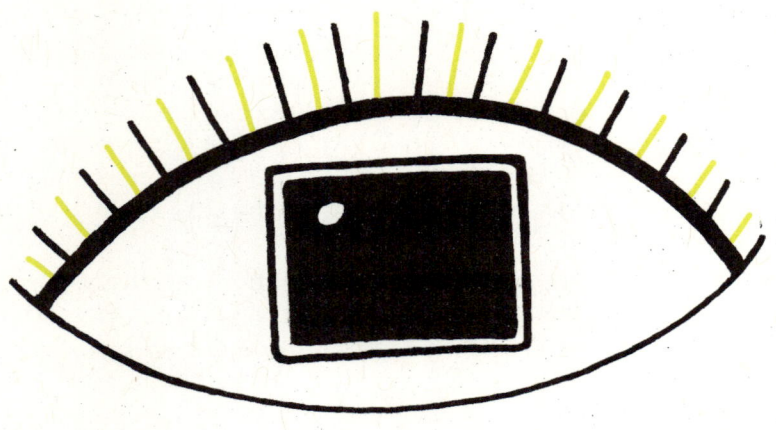

Gute Sicht auf das Programm ☆ ☆

Alte TV-Geräte mit Bildröhren gibt es kaum noch.
Das ist einerseits gut, denn die heutigen LEDs verbrauchen
weniger Strom, anderseits steigt der Stromverbrauch, weil
die Bildschirme immer größer werden. Fragen Sie sich daher
beim Neukauf: Wie groß muss der Fernseher wirklich sein?
Ist der Abstand von der Couch zum Bildschirm so, dass Sie
das Bild optimal in Gänze sehen können? Oder müssen Sie
die Augen stark bewegen, um den Ereignissen auf dem Schirm
zu folgen? Dann ist der Bildschirm zu groß für den Abstand.
Energie sparen können Sie außerdem, indem Sie Hellig-
keitswerte und Kontrast runterregeln, das haben moderne
TV-Geräte auch als Voreinstellung.

Keine Spielchen bitte

Spiele auf dem PC interessieren Sie
nicht? Dann sagen Sie das dem Verkäufer,
wenn Sie sich einen neuen Rechner
anschaffen. Denn viele Computer im
Elektrofachmarkt sind sogenannte
Gaming-Computer, deren leistungsstarke
Komponenten ordentlich Strom ziehen.
Wer hauptsächlich tippen und surfen will,
ist mit einem einfachen Bürocomputer
bestens bedient. Ein Gaming-PC braucht
sechsmal mehr Strom als ein Office-PC!

Der schlummert nur

Noch ein Tipp zum Thema Computer,
den wir viel zu selten beachten: Aktivieren
Sie die automatische Energiesparfunktion!
Dann geht Ihr PC in den Ruhezustand,
sobald Sie einige Minuten lang nicht
daran arbeiten. Drücken Sie anschließend
eine beliebige Taste auf dem Keyboard,
ist er sofort zurück im aktiven Modus. Und
wenn Sie fertig sind, natürlich ausschalten
und unbedingt den Stecker ziehen.

Tu was für das Klima: Heizen und Warmwasser

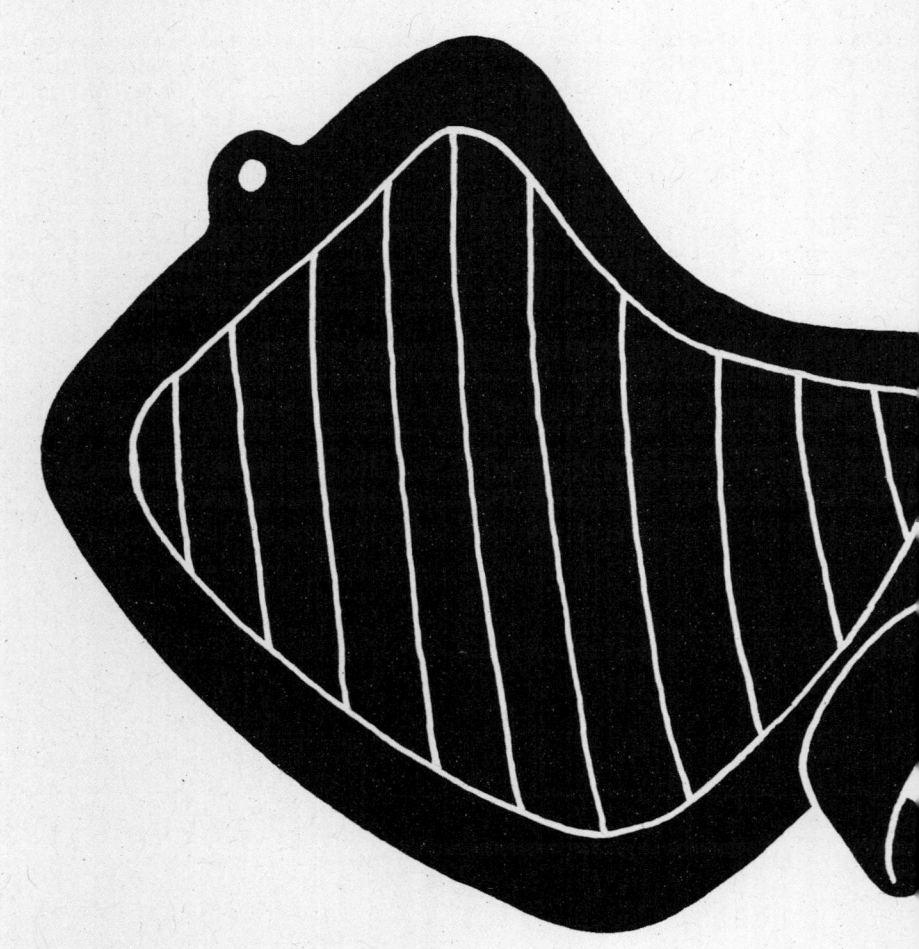

Die richtige Wasser-temperatur zur rechten Zeit

Den ganzen Tag über sehr heißes Wasser vorhalten, auch wenn's keiner braucht, muss wirklich nicht sein. Wenn Sie einen Warmwasserspeicher in Küche und Bad benutzen müssen, gilt deshalb: Temperatur absenken auf 60 Grad, das reicht für den Haushalt aus. Aber bitte nicht unter 55 Grad, dann besteht nämlich die Gefahr, gesundheitsgefährdende Bakterien (Legionellen) heranzuzüchten. Falls Sie sich demnächst ein neues Warmwassergerät anschaffen müssen, dann kaufen Sie einen Durchlauferhitzer, der nur so viel Wasser erwärmt, wie tatsächlich benötigt wird. Und wenn Sie dann noch zu einem Anbieter von Ökostrom wechseln, steht dem Klimaschutz nichts mehr im Wege. Wechselt zum Beispiel ein Vier-Personen-Haushalt zu Ökostrom, kann er damit rund 1,9 Tonnen CO_2 pro Jahr sparen.

Nur zweimal am Tag warmes Wasser, das reicht

Wasser zu erhitzen kostet Energie und damit CO_2. Acht bis 20 Prozent des durchschnittlichen Energieverbrauchs zu Hause gehen für warmes Wasser drauf.

Können Sie Ihr Warmwasser im Heizkessel selber steuern? Dann hier eine Herausforderung für den Familienfrieden! Machen Sie mit Ihrer Familie Folgendes aus: Heißes Wasser gibt es nur noch morgens oder abends, den Rest der Zeit bleibt das Wasser kalt, auch am Wochenende. Über 365 Tage sparen Sie damit reichlich Energie und Geld. Ganz Fortgeschrittene schalten die Warmwasseraufbereitung schon aus, bevor der Letzte geduscht hat. Dann wird nicht noch mal Wasser erhitzt, das anschließend nur noch ungenutzt im Kessel abkühlt.

Wenn Sie in einem Einfamilienhaus wohnen und nur einen Heizkreis haben, also die Warmwasseraufbereitung und die Heiztemperatur nicht getrennt regeln können, hilft folgender Tipp im Winter beim Energiesparen: Schalten Sie Ihre Heizung auch

tagsüber in den Nachtmodus (also ohne heißes Wasser), passen Sie die Raumtemperatur aber um ein paar Grad nach oben wieder an. Dann wird nur geheizt (im Sommer natürlich nicht), aber kein warmes Wasser aufbereitet. Das kann man entweder über eine zentrale Steuerung machen oder man läuft jedes Mal in den Keller, um die Heizung dort umzustellen.

Profi-Klimaschützer ☆☆☆

Hier noch ein Tipp für die Bewohner von Ein-familienhäusern: Schalten Sie schon eine Stunde vor dem Schlafengehen Ihre Heizung auf Nachtmodus, statt die Heizkörper abzudrehen. Die Restwärme der Heizkörper hält die Räume noch lange genug warm, bis Sie schlafen gehen. Für alle gilt: Im Winter dämmen dicke Vorhänge vor alten Fenstern, nicht jedoch vor den Heiz-körpern, zusätzlich. Denn bodenlange, schwere Vorhänge sehen ja edel aus, doch leider behält der Heizkörper darunter seine Wärme für sich. Deswegen: Kürzen Sie die Vorhänge, auch Möbel sollten Sie mit mindestens 30 Zentimeter Abstand zur Heizung aufstellen. Und Heizver-kleidungen? Lassen Sie besser komplett weg beziehungsweise montieren Sie diese ab.

Einmal Rohre nachdämmen bitte ☆☆☆

Überprüfen Sie bitte, wie gut Ihre Wasserleitungen
in der Wohnung oder im Haus isoliert sind, sowohl
für Heizung als auch für Warmwasser. Der Augenschein
verrät es sofort: Wo Rohre freiliegen, geht Energie
verloren. Isolationen sind nicht teuer, schnell
angebracht und lohnen sich. Gut zu wissen: Vermieter
sind zur nachträglichen Dämmung verpflichtet.

Macht´s Ihre Pumpe noch?

Die Umwälzpumpe Ihrer Heizungsanlage
ist jährlich Tausende Stunden im Einsatz,
vor allem im Winter. Ältere Pumpen, die
ständig auf Hochtouren laufen, gehören
zu den versteckten Stromfressern im
Haushalt und können sogar ein Zehntel des
gesamten Stromverbrauchs ausmachen.
Tauschen Sie deshalb eine alte Umwälzpumpe gegen ein modernes, energie-
sparendes Modell aus, das sich den
täglichen Bedürfnissen anpassen kann.
Dann können Sie Ihrer Stromrechnung
und Ihrem CO_2-Abdruck beim Schrumpfen
zuschauen.

Hier zieht's (nicht mehr) ☆

Ob Ihre Fenster wirklich dicht sind, können Sie mit
diesem einfachen Trick herausfinden: Klemmen Sie ein
Blatt Papier zwischen Rahmen und Fenster und schließen
Sie es. Lässt sich das Papier jetzt herausziehen, kann
auch Heizwärme entweichen. Dann ist es Zeit für eine
neue Abdichtung zwischen Fenster und Rahmen, die gibt
es in allen Baumärkten.

Warm anziehen ☆☆

Was das Temperaturempfinden angeht, sind wir alle
sehr unterschiedlich und „Frostbeulen" drehen im
Winter schneller die Heizung auf. Aber: Jedes Grad
Raumtemperatur weniger spart rund sechs Prozent
Heizenergie. Also lieber eine Strickjacke überziehen,
statt gleich an der Heizung drehen. So können Sie
je nach Größe Ihrer Wohnung oder Ihres Hauses bis
zu mehrere Hundert Euro im Jahr einsparen.

Stößchen

Richtiges Lüften in der Heizperiode spart
Energie, sorgt für ein gesundes Raumklima
und verhindert die Entstehung von
Schimmelpilzen. Statt Fenster länger auf
Kipp zu stellen, um den gewünschten
Luftaustausch zu erreichen, sollten Sie
lieber stoßlüften. Dabei wird in kurzer Zeit
viel Luft ausgetauscht, ohne dass Wände
und Räume zu stark auskühlen und
anschließend wieder erwärmt werden
müssen. Fenster und Türen dafür mehrmals
täglich für rund fünf Minuten (bei sehr
kalten Außentemperaturen eventuell kürzer)
so weit aufmachen, dass ordentlich Durch-
zug entsteht. Wenn möglich, alle Räume
gleichzeitig lüften, ansonsten verteilt sich
die feucht-warme Luft der ungelüfteten
Räume schnell wieder im gelüfteten Raum.
Aufs Lüften zu verzichten, weil man glaubt,
damit Energiekosten zu sparen, ist
übrigens eine ganz schlechte Idee. Die ver-
brauchte Luft muss raus, sonst hat der
Schimmel leichtes Spiel! Und feuchte Luft
erwärmt sich schlechter als trockene.

Gut isolieren

Wenn Ihre Heizkörper vor schlecht
isolierten Wänden installiert sind, heizen
Sie diese und die Außenwelt mit – und
zahlen dabei auch noch drauf. Das können pro Quadratmeter 15 Euro im Jahr
sein. Bringen Sie daher Dämmfolie hinter
den Heizkörpern an, das rechnet sich fix.
Oder Sie lassen vom Profi Dämmplatten
installieren, dafür muss allerdings der
Heizkörper abmontiert werden.

Kleiner Wohnen ☆☆☆

Sie planen einen Umzug? Bedenken Sie dabei:
Je kleiner die Wohnung, desto weniger
Heizenergie benötigen Sie! In einer Studie
von 2016 fanden immerhin zehn Prozent der
Befragten in Deutschland ihre Wohnung
tatsächlich zu groß. Denken Sie also darüber
nach, wie viel Platz Sie wirklich brauchen.
Inzwischen gibt es auch immer mehr ältere
Menschen, die ihre großen Wohnungen gegen
kleinere mit jungen Familien tauschen.

Tu was für eine nachhaltige Ernährung

Manches war früher leichter! Gutes Essen etwa war über viele Generationen hinweg schlicht und ergreifend Essen, das schmeckte und sättigte. Regional, saisonal, bio: Das war zu Großmutters Zeiten noch ganz normal. Heute ist Essen jederzeit und überall verfügbar - und wir lassen es uns leider viel zu oft auf Kosten von Mensch, Tier und Umwelt gut gehen. Dabei können schon kleine Änderungen auf dem Speiseplan und der Griff zu Alternativprodukten mehr Fairness bewirken.

Vegetarische Inspiration ☆

Stellen Sie sich vor, Sie kommen im nächsten Leben
als Tier auf die Welt und landen beim Schlachter…
Sie glauben nicht an Wiedergeburt? Die Anhänger
des indischen Hinduismus schon. Vielleicht stammen
deswegen die besten vegetarischen Gerichte aus der
indischen Küche. Da wird auch aus Zwiebeln, Kohl,
Steckrüben oder Linsen kulinarischer Hochgenuss
gezaubert. Knallige Farben, reichhaltige Soßen,
vielfältige Gewürze und Hülsenfrüchte als super
Eiweißquelle – wer indisch kochen kann, wird Fleisch
nicht mehr vermissen! Die Kunst liegt wie so oft
in den Zutaten und Gewürzen. Und zum Glück gibt
es inzwischen viele gute vegetarische Kochbücher.
Oder machen Sie doch gleich einen Kochkurs.

Tierische Fakten

Für den Fall, dass Sie vom vegetarischen beziehungsweise veganen Lebenswandel noch nicht restlos überzeugt sind, servieren wir Ihnen an dieser Stelle noch ein paar Zahlen: Wenn Sie ab sofort 70 Prozent weniger Fleisch essen (verglichen mit dem durchschnittlichen deutschen Konsum), werden in den nächsten zehn Jahren 76 Hühner, vier Schweine und ein Kalb weniger geschlachtet, rund 2,2 Tonnen CO_2, über 20 Antibiotikabehandlungen und 24.000 Badewannen voll Wasser eingespart sowie ein Fußballfeld weniger Fläche verbraucht.

Veggie-Familienfeier!

Bei der nächsten Familienfeier sorgen Sie garantiert für überraschte Gesichter, indem Sie ein komplett vegetarisches oder veganes Festtagsessen auftischen. Feiern Sie das Ganze als Experiment, wer probiert nicht gern mal was Neues? Auch Fleischesser lassen sich oft von vergessenen Gemüse- und originellen Zubereitungsarten überzeugen, dazu gibt es so viele Inspirationen online, dass man jeden Tag ein Festessen machen könnte.

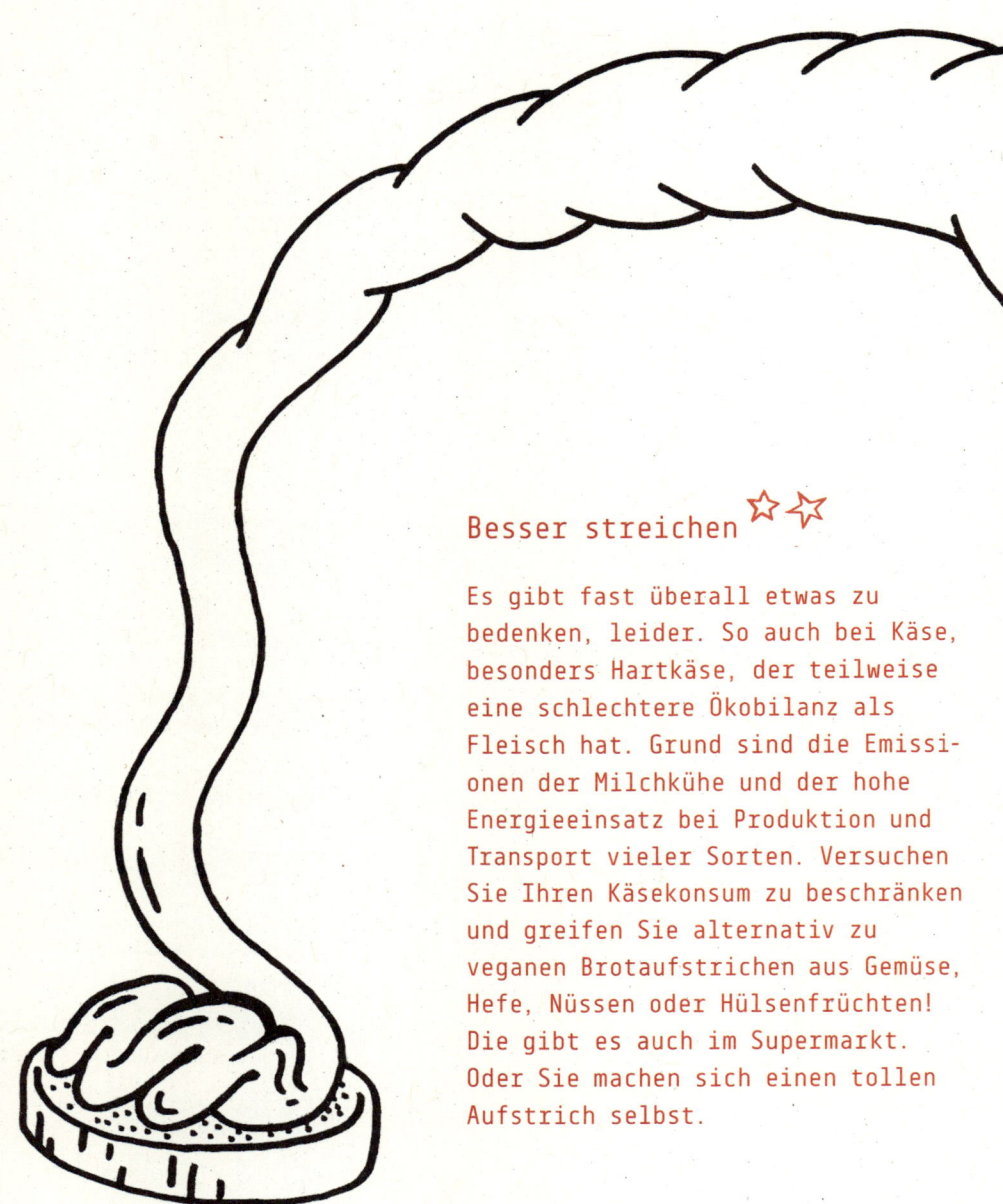

Besser streichen ☆ ☆

Es gibt fast überall etwas zu
bedenken, leider. So auch bei Käse,
besonders Hartkäse, der teilweise
eine schlechtere Ökobilanz als
Fleisch hat. Grund sind die Emissi-
onen der Milchkühe und der hohe
Energieeinsatz bei Produktion und
Transport vieler Sorten. Versuchen
Sie Ihren Käsekonsum zu beschränken
und greifen Sie alternativ zu
veganen Brotaufstrichen aus Gemüse,
Hefe, Nüssen oder Hülsenfrüchten!
Die gibt es auch im Supermarkt.
Oder Sie machen sich einen tollen
Aufstrich selbst.

Sprossen keimen lassen

Eine klimafreundliche Alternative zu frischem Grün sind selbstgezogene Sprossen, denn für den Transport von Keimsaat aus Getreide, Nüssen, Hülsenfrüchten oder Gemüsesaaten wird weit weniger Energie verbraucht als für das fertige Produkt. Und der Gehalt an Ölen, Enzymen, Zink, Eisen, Kalzium, Magnesium, Vitamin C, B_1, B_2, B_6, Niacin, Folat und Biotin ist in den Sprossen sogar höher als in den ausgewachsenen Pflanzen. So bauen Sie sich Ihr Sprossenkeimglas:

- Bohren Sie viele kleine Löcher in den Plastikdeckel eines leeren Schraubglases.
- Füllen Sie etwa zwei Esslöffel Bio-Saatmischung ein und spülen Sie das Saatgut durch.
- Lassen Sie die Samen ein paar Stunden mit Wasser bedeckt quellen.
- Gießen Sie dann das überschüssige Wasser ab und legen Sie das Glas auf einem Teller schräg auf die Seite, sodass restliches Wasser durch den Deckel abfließen kann.
- Spülen Sie das Keimglas morgens und abends durch, bis die Sprossen die gewünschte Größe erreicht haben.

Prüfen Sie Sprossen vor dem Verzehr immer auf schimmeligen Geruch und lassen Sie sich nicht von feinen Wurzelhärchen irritieren, die sind normal. Sprossen aus Hülsenfrüchten sollten vor dem Verzehr zwei Minuten in kochendem Wasser blanchiert werden. Achtung, für schwangere Frauen und immungeschwächte Menschen gilt: Sprossen grundsätzlich immer blanchieren.

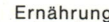

Ernten und essen statt jäten ☆

Gärtner im hartnäckigen Kampf gegen Giersch und
Brennnessel sollten das Unkraut einfach mal kosten.
Es ergibt nämlich ein herb aromatisches Pesto oder
eine herrliche grüne Suppe – und steckt dazu voller
gesunder Mineralstoffe. Wenn Sie sich bei der
Bestimmung essbarer Kräuter unsicher sind, können
Sie an einer Wildwanderung teilnehmen. Dabei lernen
Sie die Erkennungsmerkmale der verschiedenen Arten
kennen und vielleicht auch Gleichgesinnte.

Die eigenen Kräuter anbauen

Frische Kräuter sind toll zum Würzen, aber abgesehen von der frischen Schnittware im Sommer stammen auch sie oft aus dem Treibhaus, stecken in aufwändigen Verpackungen und werden über lange Strecken transportiert. Thaibasilikum, Minze und Koriander können mit Pestiziden belastet sein. Säen Sie lieber selbst oder halten Sie wenigstens Ihre Kräutertöpfe lange am Leben! Tipps dazu:

- Kaufen Sie Bioware und wählen Sie im Sommer Pflanzen aus Freilandanbau.
- Holen Sie die Pflänzchen aus dem Topf und teilen Sie den Ballen vorsichtig in mehrere Portionen auf, ohne die Wurzeln zu beschädigen.
- Verteilen Sie die Kräuter auf mehrere Töpfe, sodass sie ausreichend Platz haben.
- Stellen Sie die Töpfe ans Licht, aber nicht in die pralle Sonne.
- Halten Sie zarte Kräuter wie Basilikum, Schnittlauch und Petersilie gleichmäßig feucht, und lassen Sie die Erde bei verholzten Arten wie Thymian und Salbei zwischen den Wassergaben oberflächlich abtrocknen.

Und achten Sie auch auf die richtige Ernte. Schnittlauch und Petersilie werden unten am Stielansatz abgeschnitten. Auch bei anderen Kräutern zupfen Sie am besten keine einzelnen Blätter, sondern schneiden den oberen Teil eines Triebes kurz über einem Blattknoten komplett ab. Dann kann die Pflanze neu treiben.

Radieschenblätter-Pesto

Dafür pürieren Sie frische
Blätter von einem Bund Radieschen
mit etwa der gleichen
Menge hochwertigem Öl, etwas
Knoblauch und zwei Esslöffeln
gerösteten Kernen (Sonnenblume,
Pinie, Mandel, Haselnuss)
im Mixer und schmecken das
Ganze dann mit Zitronensaft,
Salz und Pfeffer ab.

Bis(s) zum letzten Blatt ☆

Frisches Grün in Bio-Qualität sollten Sie nicht
wegwerfen, denn die Blätter von Karotten, Kohlrabi,
Radieschen und Roter Bete enthalten jede Menge gesunde
Inhaltsstoffe und passen wunderbar in Suppen oder
Gemüsepfannen. Aber Achtung: Finger weg von Tomaten-
und Rhabarbergrün.

**Schicht für
Schicht zum Mitnehmen**

Nix gegen eine selbstgemachte Stulle als
Pausensnack, doch probieren Sie zur
Abwechslung auch mal Salat im Schraub-
deckelglas aus. Mit der richtigen Schich-
tung bleibt er über Stunden appetitlich.
Füllen Sie zuerst das Dressing ein, dann
kohlenhydratreiche Zutaten wie Kartoffeln,
Hirse oder Nudeln. Schichten Sie weiter
mit rohem oder gekochtem Gemüse,
ergänzen Sie nach Geschmack Nüsse,
Tofu oder Ei und legen Sie empfindliche
Tomaten, Früchte, Blattwerk oder Sprossen
ganz obenauf. Das sieht fantastisch aus,
ist gesund und begeistert auch Kinder.
Vor dem Essen einmal kräftig schütteln.

Saisonkauf

Zur Erinnerung: Achten Sie
beim Einkauf von Gemüse darauf,
dass es aus der Region kommt,
das spart ordentlich CO_2 ein.
Leider gilt das aber nicht
für Ware aus dem Treibhaus.
Deshalb sollten Sie im Winter
möglichst auf frische Tomaten,
Auberginen und Blattsalate
verzichten. Zum Glück gibt es
noch viele regionale Gemüse-
sorten zu entdecken, die als
Lagergemüse bis ins Frühjahr
erhältlich sind, wie Topi-
nambur, Petersilienwurzel oder
Butterrübe. Salatliebhaber
schlagen in der kalten Jahres-
zeit guten Gewissens bei
Chinakohl und Zuckerhut zu,
die noch im November geerntet
und wochenlang gelagert werden
können. Feldsalat gibt es
sogar den gesamten Winter über.

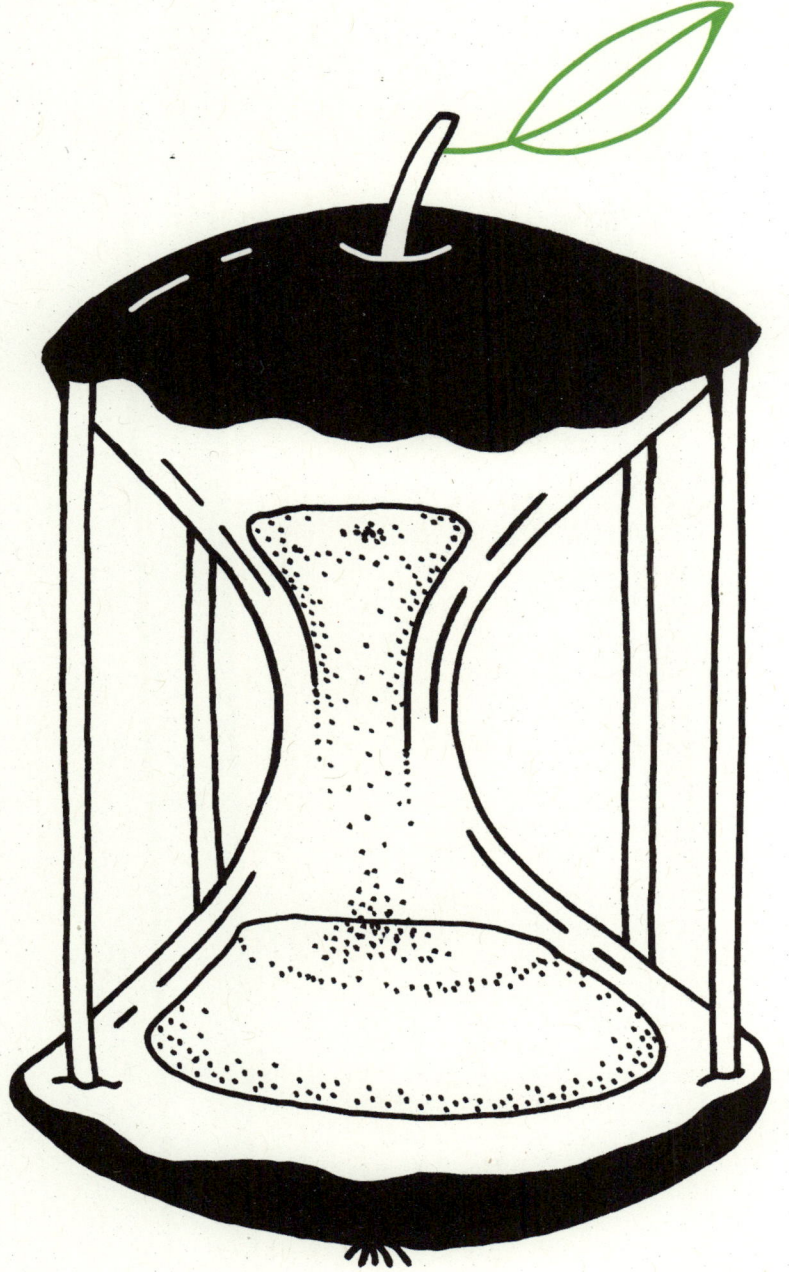

Besser in den Apfel beißen ☆

Nicht nur beim Obst gilt: lieber Apfel
als Papaya, also lieber regional als
international. Ein exotischer Fruchtsalat
aus Papaya, Ananas und Mango schmeckt
zwar fantastisch, ist in unseren Breiten-
graden aber kaum ohne schlechtes Gewissen
zu genießen, genauso wie der Fisch aus
Afrika. Bedenken Sie, dass leicht ver-
derbliche Lebensmittel, die aus fernen
Ländern stammen, mit dem Flugzeug zu uns
transportiert werden müssen, jedes Jahr
sind das mehrere zehntausend Tonnen.

Lokales Superfood?

Exotische Beeren, Körner oder Nüsse
werden uns regelmäßig als Geheimtipp zur
optimalen Ernährung unter das Müsli
gemischt. Aber wie sieht es überhaupt mit
den Anbaubedingungen der sogenannten
„Superfoods" in Mittelamerika, Afrika und
Asien aus? Sind die weiten Transportwege
tatsächlich gerechtfertigt, nur damit gut
genährte Europäer noch besser versorgt
werden? Oft ist die versprochene gesund-
heitsfördernde Wirkung der importierten
Produkte wissenschaftlich gar nicht belegt.
Bekannt ist allerdings, dass einige Superfoods Allergien auslösen können, andere
Wechselwirkungen mit Medikamenten
zeigen und viele mit Schadstoffen belastet
sind. Setzen Sie besser auf dunkle Beeren
und Früchte, rote Weintrauben oder Rotkohl,
die enthalten genauso Antioxidantien
wie die Açai-Beere. Und statt Chia für die
Omega-3-Säuren nehmen Sie Leinsamen.
Unsere heimischen Klassiker sind nämlich
auch Superfoods.

Ja! Wir haben es versemmelt

Wenn Brot hart geworden ist, heißt das ja
nun nicht, dass Sie es wegwerfen müssen.
Im Gegenteil. Machen Sie noch was
draus, hier sind ein paar Ideen:

Brot reiben und als Semmelbröselkruste
eines Auflaufes im Ofen mitbacken.

In Ei einweichen und die „Armen Ritter"
in der Pfanne goldgelb braten.

Mundgerechte Stücke in Ei und Milch einweichen und mit in die Gemüsepfanne geben.

Brotwürfel mit einer Marinade aus
reichlich Öl, Senf, Honig und Salz vermischen und in der Pfanne knusprige Croutons
für Salat- oder Suppeneinlagen braten.

Aus Brotwürfeln, geschmorten Zwiebeln,
Milch und Eiern werden Semmelknödel.

Der Karpfen als ökologischer Fisch

Wenn Sie Fisch essen, greifen Sie zum
Karpfen. Er kommt aus der Region,
wird in naturnahen Teichen aufgezogen
und kann vegetarisch ernährt werden.

Milchersatz ☆

Dass zu viele Kühe dem Klima nicht bekommen
und die Haltung der Tiere in der Hochleistungs-
milchwirtschaft enorme ethische Probleme
aufwirft, bringt immer mehr Milchtrinker ins
Grübeln. Wer zu Alternativprodukten wechseln
will, sollte für einen wirklichen Verbesserungs-
effekt aber darauf achten, wie es um deren
Ökobilanz steht. Der Anbau von Soja in Brasilien,
den USA und Argentinien steht für Waldvernich-
tung, Gewässerverschmutzung und Gentechnik,
deshalb achten Sie beim Kauf von Sojamilch unbedingt auf Bioqualität, da stammen die Bohnen
häufiger aus Europa. Bei Lupinen-, Dinkel, Hafer-
und Hanfmilch ist die Chance auf regionale
Ausgangsprodukte am höchsten. Reismilch fällt
dagegen aufgrund des hohen Wasserbedarfs in
der Ökobilanz ab. Gleiches gilt für Getränke aus
Mandeln, die größtenteils im trockenen Kalifor-
nien produziert werden, wo die Bäume künstlich
bewässert werden müssen. Ihren Milchersatz
können Sie sich auch selbst herstellen.

Rezept für Hafermilch

4 Esslöffel Haferflocken
500 ml kaltes Wasser
Zucker und Prise Salz nach Geschmack

Zutaten im Mixer zügig durchmixen, bis
eine milchige Farbe entsteht, dann durch
ein feines Sieb oder ein Tuch gießen.
Aufgefangene Reststoffe einfach beim
nächsten Müsli mitessen.

Bio-Nachhilfe

Hauptsache bio?! So einfach ist es leider
nicht. Mangos, die um die halbe Welt
fliegen, Kopfsalat aus dem Treibhaus –
nur weil etwas ein Bio-Siegel trägt, ist es
noch lange nicht nachhaltig produziert.
Denn der Begriff Nachhaltigkeit umfasst
auch Faktoren wie Wasser- und Energie-
verbrauch, Transport, Verpackung und
Arbeitsbedingungen. Machen Sie sich
diesen Unterschied beim Einkauf klar.
Bei Lebensmitteln aus Ländern mit
niedrigen Umwelt- und Sozialstandards
sollte Fairtrade immer erste Wahl sein.
Der Export dieser Waren sorgt in den
Herkunftsländern für Arbeitsplätze und
akzeptable Produktionsbedingungen.
Besonders darauf achten sollten Sie bei
Kaffee, Tee, Schokolade und Blumen.

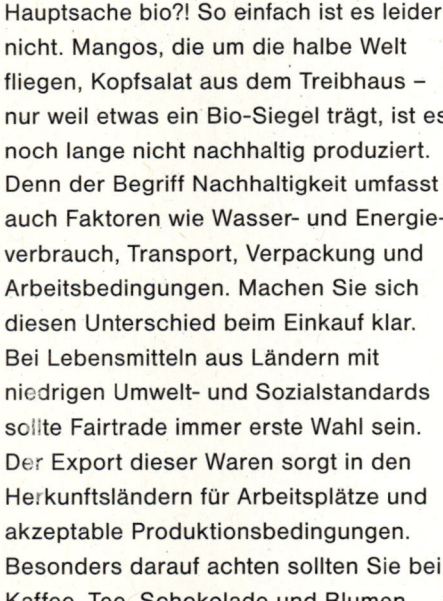

Selber zapfen

In Deutschland ist Leitungswasser besser untersucht als
Wasser, das im Supermarkt ver-
kauft wird. Abgefülltes Wasser
wird zudem über weite Strecken
transportiert, verursacht
Emissionen und Verpackungsmüll
und kann Schadstoffe enthalten,
die sich aus Produktionsanlagen,
Flaschen und Deckeldichtungen
lösen. Also sparen Sie sich
doch den Wasserkauf und trinken
Sie aus dem Hahn! Aufpeppen
können Sie Ihr Leitungswasser
mit Basilikum oder Gurken-
scheiben, die Zugabe von
Zitrone und Zucker verwandelt
es in eine leckere Limonade!

Wie Sie sonst noch aktiv werden können

Wer sich umsieht, findet unendlich viele Möglichkeiten, sich zu engagieren. Und das Schönste: Weltverbessern macht auch gute Laune! Ergreifen Sie also beherzt die Initiative, sei es zuhause, am Arbeitsplatz – oder vielleicht sogar in der Politik. Hinterfragen Sie Dinge, besonders die, die man „schon immer so gemacht" hat, denn, Sie wissen es: Leben heißt Veränderung. Mischen Sie sich ein, achten Sie auf andere – und vergessen Sie darüber eigene Bedürfnisse nicht. Machen Sie's gut!

(Sich) bewegen ☆☆

Das beste Mittel gegen den Endzeit-Blues, der einen angesichts des Weltzustands manchmal überfällt, ist Engagement. Finden Sie Ihr Thema, suchen Sie nach einer (lokalen) Initiative, treffen Sie Gleichgesinnte und tun Sie sich mit ihnen zusammen. Lassen Sie sich von Filmen oder Büchern über Menschen inspirieren, die etwas bewegt haben. Glauben Sie daran! Wir können die Welt verändern. Informationen zum Mitmachen finden Sie auch bei:

greenpeace.de

Initiative ergreifen ☆ ☆ ☆

Zuhause achten Sie auf gesunde Ernährung, Recycling und Fairtrade-Kaffee, aber bei der Arbeit steht eine Kapselkaffee-Maschine und Sie finden kaum etwas Vegetarisches in der Kantine? Sprechen Sie überflüssigen Ressourcenverbrauch an Ihrem Arbeitsplatz bei Ihren Vorgesetzten an. Engagieren Sie sich in Ihrem Unternehmen für Fahrradstellplätze, Nahverkehr-Jahrestickets und Recyclingpapier, sammeln Sie Unterstützung gegen Kaffeekapseln und fleischzentrierte Kantinenkost. Sie werden sehen: Wenn einer erst einmal anfängt, ziehen die Kollegen oft nach. Und mit einer Unternehmensinitiative erreichen Sie häufig auch Menschen, die sich für Umweltschutz sonst nicht interessieren!

Informiert sein ☆ ☆ ☆

Wie steht es eigentlich um den Umweltzustand Ihres Stadtwaldes? Welche Pläne und Programme werden in Ihrem Landkreis für den Schutz heimischer Tierarten entwickelt? Und wie hoch ist die Agrarsubvention des örtlichen Mastbetriebs? Keine Ahnung? Fragen Sie ruhig mal nach. Seit Juli 2017 sind alle Stellen der öffentlichen Verwaltung zur Herausgabe von Umweltinformationen verpflichtet. Und Sie können bei der nächsten Bezirksversammlung mit ganz konkreten Daten punkten:

umweltinformationsrecht.de

Wissen macht stark ☆ ☆

Wer die Zukunft mitgestalten will, sollte wählen gehen – und zwar bei Bezirks-, Landtags-, Bundestags- und Europawahlen. Kennen Sie die Positionen der verschiedenen Parteien zu bestimmten Themen? Lesen Sie die Programme, machen Sie sich schlau, lernen Sie dazu, dann können Sie gegenhalten, wenn „Fake News" in Diskussionen überhandnehmen. Und überzeugen Sie auch Ihr Umfeld davon, wie wichtig es ist, sich an Wahlen zu beteiligen.

Geld ausgeben mit Sinn

Wenn Sie Geld übrighaben, unterstützen Sie den Umweltschutz und Menschen in anderen Teilen der Welt: Ermöglichen Sie zum Beispiel Kindern in Asien eine gute Ausbildung, finanzieren Sie einer afrikanischen Familie eine Ziege für das zusätzliche Familieneinkommen oder werden Sie Stifter für den Umweltschutz. Es gibt so viele Möglichkeiten, sinnvoll zu helfen.

Geburtstagsspende

Machen Sie Ihrer Familie und Ihren Freunden die Suche nach dem richtigen Geschenk ganz einfach: Wünschen Sie sich zum nächsten Geburtstag oder zu Weihnachten einfach eine Spende für einen guten Zweck Ihrer Wahl! Das regt zum Nachdenken und Diskutieren an, und unnötigen Geschenkpapiermüll sparen Sie so auch ein.

Dein Freund der Baum

Jeder unserer heimischen Bäume entzieht der Atmosphäre pro Jahr ungefähr zehn Kilogramm CO_2. Also pflanzen Sie Bäume. Je härter das Holz eines Baumes ist, desto mehr CO_2 wird gebunden, das heißt, eine Kirsche tut mehr für den Klimaschutz als ein Nadelbaum. Wer keinen eigenen Garten hat, kann bei Baumpflanzaktionen mitmachen, zum Beispiel über die Naturschutzorganisation Wikiwoods. Greenpeace empfiehlt das Bergwaldprojekt, bei dem Sie Bäume pflanzen oder Baumpate werden können:

bergwaldprojekt.de

Zeit schenken

Kleine Figürchen, billiger Schmuck und „witzige" Klobücher? Klimbim-Geschenke sind oft aus der Not geboren. Wenn Sie nicht wissen, was sich jemand wünscht, verschenken Sie lieber etwas wirklich Wertvolles: Ihre Zeit. Sie steckt im selbstgebackenen Kuchen, einer Einladung zum Essen oder der gemeinsamen Fahrt ins Ausflugscafé.

Und am besten schenken Sie sich Zeit für sich selbst.
Dann haben Sie auch die Kraft, beim Verbessern der Welt
mitzumachen. Wenn Sie weitere Ideen und Anregungen
haben, freuen wir uns auf Ihre Mail oder Ihren Brief.
Möglichst viele Tipps werden wir auf unserer Website
unter der Rubrik TU WAS veröffentlichen. Bitte schreiben
Sie uns auch, ob wir Sie mit Namen nennen dürfen.

Ihr TU WAS Team

Hinweis: Die Zahlen in diesem Buch beruhen auf Schätzungen
von Experten, Hochrechnungen und Statistiken. Sie sollen
Vergleiche ermöglichen, um die Dimensionen von Veränderungen
anschaulich zu machen. Sie können zum Beispiel beim
Autoverkehr stark von der Größe eines Autos und der Anzahl
der Beifahrer abhängen. Oder im Haushalt vom Alter der Geräte.

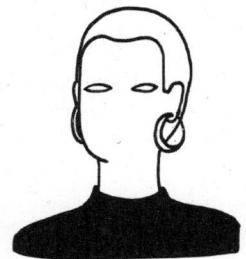

Nora Linnemann

Joni Majer

Nora Linnemann arbeitet als freie
Autorin und Social-Media-Managerin
in Berlin. Seit sie eine Wohnung
mit Südbalkon hat, muss sie zum
Entspannen nicht mehr in die
Ferne schweifen und verbringt den
Urlaub am liebsten klimaschonend
in ihrer Stadt.

Joni Majer wurde im wilden Berlin der 80er
geboren. Sie lebt, liebt und arbeitet aber
mittlerweile glücklich und mit Familie im
beschaulichen Saarbrücken, wo sie auch
Kommunikationsdesign studiert hat. Am
liebsten zeichnet sie verworrene Gedanken
und Zustände auf möglichst einfache Art.
Sie hat eine Diskokugel auf dem Balkon.

Impressum

© greenpeace magazin edition, Hamburg 2019
1. Auflage - Alle Rechte vorbehalten

Greenpeace Media GmbH
Große Elbstraße 145d
22767 Hamburg

Telefon: 040/8081280 80
Fax: 040/8081280 99
E-Mail: gpm@greenpeace-magazin.de
Web: greenpeace-magazin.de

V.i.S.d.P./Redaktion: Michael Pauli
Projektleitung/Herstellung: Karin Midwer
Recherche: Nora Linnemann, Inke Suhr
Gestaltung: Inka Schnettler
Illustration: Joni Majer
Lithografie: Allzeit Media Consult GmbH
Druck: Merkur Druck GmbH, Norderstedt
Papier: Recystar nature, 100% Recyclingpapier
ISBN 978-3-944222-13-4